这些管理难题，可以用讲故事来解决

——好领导都是讲故事高手

戴维斯◎著

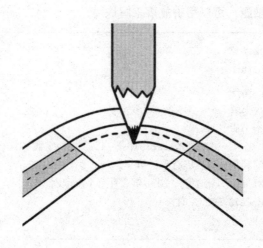

中国华侨出版社

·北京·

图书在版编目（CIP）数据

这些管理难题，可以用讲故事来解决 / 戴维斯著.
— 北京：中国华侨出版社，2021.5
ISBN 978-7-5113-8414-0

Ⅰ．①这… Ⅱ．①戴… Ⅲ．①企业领导学－通俗读物
Ⅳ．①F272.91—49

中国版本图书馆 CIP 数据核字（2020）第 226676 号

● 这些管理难题，可以用讲故事来解决

著　　者 / 戴维斯
责任编辑 / 黄　威
责任校对 / 孙　丽
封面设计 / 天下书装
经　　销 / 新华书店
开　　本 / 710 毫米×1000 毫米 1/16　印张 /15.5　　　字数 /190 千字
印　　刷 / 香河利华文化发展有限公司
版　　次 / 2021 年 5 月第 1 版　2021 年 5 月第 1 次印刷
书　　号 / ISBN 978-7-5113-8414-0
定　　价 / 49.80 元

中国华侨出版社　北京市朝阳区西坝河东里 77 号楼底商 5 号　邮编：100028
法律顾问：陈鹰律师事务所　　　　编辑部：（010）64443056　　　64443979
发行部：（010）64443051　　　　传　真：（010）64439708
网　　址：www.oveaschin.com　　E - mail：oveaschin@sina.com

序一

听故事，是人最基本的心理需求

尤瓦尔·赫拉利在《人类简史》中提出了这样一个观点：智人在演化中偶然获得的讲故事（即描述虚构事物）的能力，是他们称霸世界的关键。因为只能描述事实的语言能力是有限的，至少只能将部落维持在一百五十人的规模，然而，故事（包括传说、神话），可以让更多的人集合在同一背景下，继而完成规模更大的活动。这个观点，向我们传达了一个信息：相对于道理讲述，故事能产生更为强大的影响力和凝聚力。所以，从这个意义而言，一个人讲故事的能力，直接决定了他自身的影响力。而影响力对管理者则是至关重要的。

同时，尤瓦尔·赫拉利又指出，"虚构"这件事情的重点不只在于让人类拥有想象，更为重要的是可以"一起"想象，编织出种种共同虚构的故事，甚至连现代所谓的国家其实也是一种想象。这样虚构的故事——"画饼"，赋予智人前所未有的能力，让他们得以集结大批人力、灵活合作……正因如此，智人才统治了世界，蚂蚁只能吃他们的剩饭，而黑猩猩则被关在动物园和实验室里。这段话又进一步证实了：讲故事的能力让我们得以成为智人，进而统治世界；另一方面，故事又塑造我们的思维，使我们更加智慧，进而统治世界。换言之，故事力就是掌控力，就是"统治力"，而在现代管理中，每个管理者也必须要具备这两种能力，它能提高管理者的信服力和影响力，从而能够集结更多的人才，并使他们灵活合作，相互协作，从而创造出更高的效益。

从现代心理学方面分析，人都具有爱听故事的天性。因为每个人都渴望了解别人的生活，或者听到一个自己向往的完美的故事。这也是电影、小说、漫画甚至戏剧如此流行的原因，而它们的一些衍生品也往往有不错的销量。同时，故事可以满足人们心中对他人世界的窥探欲望。故事也可以给人们带来全新的生活体验，比如科幻题材带来的超现实感觉。另外，故事可以创造出新鲜感和想象力，满足人们对自己无法触及的生活层面的想象和渴求。最后，故事可以提供更多的资讯，因为每个人都渴望获得比别人更多的信息，形成某种信息优势。

从人类进化心理学角度分析，听故事也是人类最基本的心理需求之一。在 *The Science of Storytelling* 一书中，作家威尔·斯托尔通过列举出人类大脑对故事敏感的表现，原因是：进化使人类的大脑有了讲故事的能力。他通过一系列的心理学实验，最后得出结论：故事在我们的头脑中更有"特权"，与其他的文字题材相比，故事更能吸引人的注意力，并且更容易被理解和记忆。在人类漫长的进化过程中，对故事的需求和体验虚构的能力通过正面的反馈被不断地强化。

此外，在《流畅的写作艺术》一书中，鲁道夫·弗列奇在其中一章开篇中这样写道："只有故事才真正具有可读性。"随后他引用了《时代杂志》和《读者文摘》来作为例子。他说："在这两份雄踞畅销排行榜首位的杂志中，几乎每一篇文章都充满了趣闻轶事。因此，在现实管理中，要想让你的讲话具有驾驭听众注意力的能力，那就给他们讲故事，尤其是那些真实的故事，它可以使你的观点变得清晰而有趣，使你的话语更具说服力和影响力。"

随着社会的不断发展，如今故事已然与人类密不可分，它是现实世界在我们脑海中的投射和重构。当我们研究思维时，会发现它本身就充满了叙事的色彩。如果你稍加留意，就会发现我们生活中的任何日常琐事，无论是买东西还是与人闲聊，都以故事的形式编织进我们的个人体验中，或者说，我们每个人的一生，都是由一连串的故事组成的，反之，正是这些故事体验，构成了我们的人生。并且，我们总是本能地去找出事物与事物之间的某种联系，从而对人生赋予某种意义，就像我们在阅读故事时，总会期待它所带来的画龙点睛般的启示一般。所以，从这个角度分析，听故事是人类最原始、最基本的心理诉求。

　　与那些晦涩枯燥的大道理相比，一个情节与内在逻辑严丝合缝、并且给出明确意义的故事总是会让人感觉到充实而富有收获，给人以心灵的震撼，让人在得到启示之后，进而去指引自己的想法或行为。从这个意义上分析，管理者更应具备讲故事的能力，因为管理工作是一项带有引导或指引他人行为性质的活动。与讲道理相比，一个震撼人心的故事更能够引人深思，给人启发，让人改变内在观念与行为。否则，你的管理很可能将会处于一片混乱状态。所以，提升你的故事力，就是提升你的影响力、掌控群体的能力和管理能力。

序二

讲好故事，你的管理工作会事半功倍

在过去的几十年中，诸多的商业领域极为强调互联网思维和大数据。诚然，商业运作是一个极严肃的事，运用互联网思维和大数据无可厚非。可在现实的管理过程中，个人不仅仅是依靠数据和规则运作的零件，工作同时也是一种情感体验，更是一种情绪经历，正是这些体验和经历左右着我们的工作方式和工作目的。

身为管理者，要管理好一个公司或带好一个团队，我们必须要参与到与人的沟通、协调、说服、辩论等工作中，在此期间，必须要融入情感因素，才能使沟通和协作更为有效。管理工作是一项情感因素极重的工作，了解这一点后，便有越来越多的人将故事思维引入到商业王国中。为此，便有了"所谓的互联网＋，不过是比谁更会讲故事，讲得好的人赢得一切"的说法。

一方面，运用故事可以传递一种价值观。比如，你的团队正在因为员工表现而争吵不休的时候，你可以静下心来为他们讲一个"我们为何在此"的故事。最终，你可以总结道：我们今天坐在这里是为了过完这一天回家睡觉，还是为了无休止的争吵而使工作毫无进展呢，抑或是为了实现个人价值呢？通过讲故事的方式可以帮助你的团队回归本心，找回初心，有效地化解团队成员之间的矛盾，让大家心平气和地面对问题并解决问题。

另一方面，故事本身具有极强的传播价值。你的故事讲得好，就是为你的公司或产品做了一个"活广告"，而且这种广告会引发一系列的爆炸式反应。

早年间海尔砸冰箱的故事如果没被人广为传播，也许如今海尔的实力不会那么强大；如果没有雷军布道式地发布演讲，小米的粉丝数量也许不会像今天那么庞大，那么疯狂；锤子科技总裁罗永浩说："为什么有这么多人会喜欢我们的发布会、关注度会这么高？无非就是故事讲得好。"如果褚时健的故事没能在网上流传，那么褚橙也许只是一种普通的水果，不会受到那么多人的热捧……很多公司或产品的成功，靠的就是背后那个会讲故事的管理高手。很多时候，一个有影响力的故事可与公司巨额花费的营销广告活动相媲美。

白岩松也曾说过："今天，我们才意识到让传媒人学会讲点故事，有点儿晚了；但如果到今天还不好好学会讲故事，传媒就死了！"罗振宇说："不管是日常社交还是职场，做营销还是做管理，只要你想影响他人，那讲故事的能力就是你不能缺的核心能力，而很多朋友偏偏缺的就是这个！"

从这两个层面分析，一个会讲故事，能讲好故事的管理者，可以使其各方面的管理工作事半功倍。讲故事不仅是一种语言技巧，更是一种管理技巧和管理艺术，管理者可以借助故事进行有效地激励、说服与影响。管理者可以借助故事改变员工的思维，发现管理中存在的问题，推动企业良性文化的发展，获得极强的影响力和领导力。

目　录

领导的故事力：这些棘手的管理难题，可以用讲故事来解决

心理学上认为，人都是有情感的，较主观的，他们更愿意接受自己品味出来的道理，而排斥别人所灌输的思想。所以，与"讲道理式"的思想灌输相比，讲故事则更容易让人接纳你的观点或思想。将你要讲的道理融于故事中，将你的理念埋藏于情境之中，让受众从中品味出所蕴含的道理，从而使你的道理或理念能影响他人，这便是故事力。通俗来讲，"故事力"，即指通过故事来影响他人的能力。细分来看，故事力又可以被分为故事领导力、故事演讲力、故事销售力和故事沟通力。

丹尼尔·皮克所说："故事力将会是 21 世纪领导者最应具备的能力之一。"你会发现，但凡成功的领导者，如马云、任正非、奥巴马等，其实都是讲故事的高手！他们所具备的，除了情商、智商、财商，还有一种世人往往容易忽略的能力：故事力！在很多时候，他们极善于通过讲故事来解决那些棘手的管理难题。所以，身为管理者，在新的经济形式下，要使你的公司或企业获得可持续发展，就要提升你的故事力。未来企业的竞争在于管理的竞争，而故事力则恰恰是提升管理水平的有力"武器"之一。

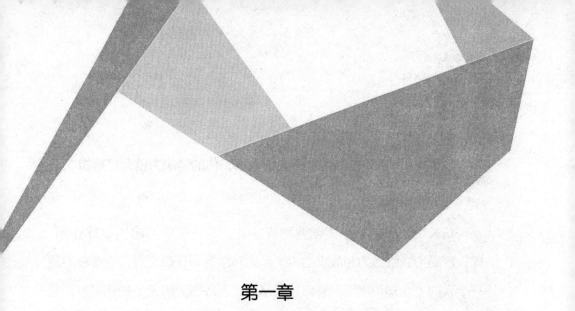

第一章

不会讲故事，
你就不是一个合格的管理者

　　对于管理者而言，如何才能提升你的个人影响力？怎样才能让你的话语更具说服力？如何才能让员工服从你的命令？怎样才能让你的团队或员工有更强大的执行力？如何才能让你的企业更具凝聚力？被"谣言"缠身的你，如何去澄清事实？如何在产品越来越同质化的当下，让你的产品或服务在日趋激烈的市场竞争中脱颖而出？这些问题，都可以通过一个好故事迎刃而解。故事，让你更有力；好故事，让你无往不利。从这些问题可以看出，如果你不会讲故事，那就称不上一个合格的管理者。很多时候，"故事力"就决定你的影响力，如果不会讲故事，当一些管理难题向你袭来时，你也只能束手无策，无能为力。总之，不会讲故事，你的管理者身份，也只是一个摆设。所以，要想提升你的领导力，就从提升故事力开始吧！

"故事力"决定影响力：不会讲故事，你的影响力就会打折扣

马云说，决定一个人创业能否成功，有三种能力起决定性作用，即：产品力、服务力和故事力。产品力和服务力是硬实力，它考验的是一个人的专业知识水平和管理技能水平，而故事力则是一种软实力，它考验的是一个人的情商、胸怀、见识、格局等，从这个意义而言，不会讲故事，你就是一个不合格的管理者。

我们常会发现，那些优秀的管理者，大都是善于讲故事的人。很多时候，故事力就等于影响力，在现实中，很多企业或品牌之所以能够深入人心，产生极大的影响力，被人们牢记，就是因为其企业家的故事讲得好。

任正非的讲话如果没有在网上被疯狂传播，那么华为的品牌影响力可能没有现在这么强大，华为手机的销量也许不会像现在这么高；如果没有乔布斯那么多布道式的发布演讲，苹果产品也许不会像今天这样受人热捧；如果马云的故事没有在网上流传，阿里巴巴也许不会家喻户晓；如果没有雷军爆发式地在网上宣讲小米背后不为人知的故事，小米的粉丝群体也许不会那么巨大而且也不会如此地为之疯狂……很多公司或产品的成功，靠的就是背后那个会讲故事的管理高手，换言之，故事力就是企业家的影响力，一个看似不起眼的即兴故事，有可能让周围的人都信服并且听命于你，让你的影响力得以暴涨。

张勋望着在场下属和员工们怀疑的脸，思索着如何让他们服从自己的领导。今年 36 岁的他，看上去稚嫩得像个 13 岁的毛孩子。可以看出来，他要领导这样一群与自己年龄相仿甚至比自己年龄还大的老资格员

工来说，的确是一件难事。于是，他决定给他们讲一个自己亲身经历过的刚入社会时的故事。

"我从 17 岁就进入计算机学院学习编程，22 岁获得第一份工作，在一家科技公司做程序员，经过简单的培训后，我接到了第一个工作任务，给一家文化公司编写一个简单的程序。自小我就对编程非常着迷，6 年的学习经历，使我对那些简单的程序烂熟于心。于是，我满怀信心，很快就将程序写好，并交给上司。

上司是个沉稳的人，他拿到我上交的"任务"，并没有因为我的高效而吃惊，而是先大概浏览了一下，很快找出了几条错误。但他并没有直接指出，而是让我自己回去审查。我对自己的成果充满信心，仔细审查了好多遍，还是觉得它完美无缺。我觉得上司是故意在挑我的刺，毕竟我是刚入职的新人。

几天后，我又将那份写好的程序原封不动地交给了上司，并充满自信地说道："对不起，我觉得这里面真的没有错误！"上司没有应声，笑了笑，并送给我一面镜子。

我当时感到不解。几天后，我才从老员工那里了解到上司送我镜子的原因：他想让我用镜子时刻看到自己自傲的样子有多么地可笑。几天后，我找到了所做程序中的几处错误。

张勋从口袋中掏出那面镜子，并说道："自那以后，这面镜子就一直装在我的口袋里，我会时刻拿出来对着镜中的自己说："即便成竹在胸，也要懂得谦虚接纳别人的提醒。"并幽默地反问大伙："此时的我，应该看起来没有那么可笑吧？"在场的人都笑了，氛围顿时变得轻松起来。

张勋通过一个富有启发性的小故事，向属下的员工传达了两点信息：他身为一个新员工能以惊人的速度写出程序，表示他有足够的专业知识和资历来做上司；同时，又拿镜子的经历表达了自己的谦虚态度，即愿意接纳别人的意见。这两点，就足以让他的影响力得以提升，让人敬服。

不可否认，一个有意义的故事可以激发你的听众——同事、领导、下属、家庭或一群陌生人——得出和你一样的结论，继而相信你的话，做你想让他们做的事。人们更重视他们自己得到的结论，他们只会相信真实发生在他们身边的故事。人们一旦将你的故事当成他们自己的故事，那你就挖掘出了信任的强大力量，挖掘出了身为管理者的影响力。此后，你无须再做更多的努力，人们每次和别人回忆、复述你的故事，都是在扩大你的影响力。

试想如果你是一个不会或不善于讲故事的管理者，那么你的日常管理有可能是这样的：

你熬夜花费了大量的心思，设定了公司新的发展战略，以文件的方式发给属下。在第二天的会议上，你长篇大论地逐条讲解，讲得口干舌燥，可下属们似乎都不能明白，丝毫无法领会你的用意和公司的发展思路；

因为某个危机事件，公司内部人员人心惶惶，无法平静下来进行工作，你却站在台上向他们澄清事实，但你的话语丝毫无法让人信服；

你的 BOSS 因为一件小事误解了你，你费尽心思向对方解释，可对方似乎并不领情；

员工犯了错，你苦口婆心地给他讲大道理，可他却丝毫听不进去，甚至还会引起他的反感；

你的团队成员工作散漫，士气低落，你想激发团队的工作热情，可每每又感到力不从心，每次说的话似乎都不被团队成员在意；

你遇到一个技术能手，想说服他到你的公司来，可你因为无法清晰地描绘自身公司未来的发展蓝图而被其拒绝；

……

在这样的情况下，身为管理者的你，也只能是一个摆设。你会觉得自己的管理工作处处受阻，时时不如意，你无法完成一个管理者应该履行的职能，所有的管理都陷入一片混乱，业绩惨淡，一切都在"管理乱，公司衰"中恶性循环……

故事所创造的力量，超乎你的想象

《甄嬛传》中，华妃失宠于雍正，她便于家宴中诉说思念之情，情深处落泪，换得雍正的同情，复又获宠。其中，最让雍正动容的是她借用当年梅妃所著《东楼赋》中的词句："君情缱绻，深叙绸缪。誓山海而常在，似日月而无休。奈何嫉色庸庸，妒气冲冲，夺我之爱幸，斥我于幽宫。思旧欢之莫得，想梦著乎朦胧。"当这些词句被说出口后，词中所营造的妃嫔的凄苦和幽怨，无不使人同情和动容，这便是故事的力量。

西晋司马炎登基后，欲召李密为太子洗马（辅佐太子的官职），但是李密曾是蜀汉尚书郎，蜀汉被司马家族所灭，他不愿为当朝出仕，但又不好直接回绝司马炎，遂写下千古名文《陈情表》，其文如下："臣以险衅，夙遭闵凶。生孩六月，慈父见背；行年四岁，舅夺母志。祖母刘悯臣孤弱，躬亲抚养。臣少多疾病，九岁不行，伶仃孤苦，至于成立。既无叔伯，终鲜兄弟，门衰祚薄，晚有儿息。外无期功强近之亲，内无应门五尺之僮，茕茕孑立，形影相吊。而刘夙婴疾病，常在床蓐，臣侍汤药，未曾废离。"文章的第一段，将自己的身世背景和抚养自己长大

7

成人的祖母病弱，亟须自己随侍在侧的情况坦诚相告。司马炎看后，无不为文章中的情真意切所感动，尤其是文中营造的凄苦氛围霎时展现在他的面前，于是便不再征召李密，还赐予他两名奴婢，帮助他侍奉祖母。自此李密也巧妙地躲避了"二臣"的恶名，这便是故事的魔力。

不可否认，故事能够创造力量，一个好故事可以让人在瞬间产生神奇的力量，它能让听故事的人打破对世俗和权威的认可，为你的智慧和才智所折服。当然，你也可以在其中缔造出另一种属于自身的地位和力量。而这种力量，正是每一位管理者所需要的。

很多时候，管理工作表现出来的是一种力量对另一种力量的制约和控制。一个好的管理者，要将一群人聚集到一起，要统一他们的思想，运用自身的力量让他们听从自己的指挥、服从自己的命令。如同一个人去爬山，他的每一块肌肉都要听从大脑的调度，必须要配合紧凑。这叫做听从指挥、服从命令、消除私我。他们的方向必须是一致的，目标也必须是唯一而且可见的，这叫做统一的目标和凝聚力。这是管理的核心，他需要不断地向他的团队灌输力量，使团队成员紧紧团结在一起，为完成统一的目标而付出最大努力。身为管理者，要做到这一点，就必须要拥有力量，而故事正是这种力量的"缔造者"。所以，从这个层面而言，一个有力量的管理者，必须有着极强的故事力。在管理过程中，他们会时时借用故事的力量，将自己和听故事的员工紧密地联系在一起，让他们通过故事，去了解什么是最重要的，什么是有意义的。最终让他们将从故事中得到的智慧和才智都归功于管理者，从而为他所折服。在这个过程中，你已经完成了对被管理者思想和行为的约束和控制。

那些成功的领导者，都善于借助故事来使自己更有"力量"，帮助自己处理一些无比棘手的管理难题：

场景一："我对员工已经够好了，为什么他们还是很'怕我'？"

好吧，那就给他们讲一个幽默、自黑的故事，讲一段自己过往的糗事，一段愚蠢不堪的经历！故事讲完后，台下的员工笑得前仰后合，有的甚至笑出了眼泪。两周过去了，明显感到员工对自己和蔼了许多，自己与员工也能真正地融入一起了。更为重要的是，员工听完那个故事后，他们一方面在为管理者的智慧所折服，愿意听从他的领导；另一方面又觉得他是一个好玩且有趣的人，更愿意和他成为无话不谈的朋友。

场景二："今天做工作总结，并布置新的工作任务。看着台下员工黑压压的一片，都是玩手机和打瞌睡的人，真的恨不得马上从台上消失。"

好吧，那就将这些冷冰冰的数据和对未来的残酷预测，变成一个精彩的故事，让员工更容易理解或接受自己所传递的工作主旨，让自己的工作图表和数据，变得鲜活且有价值。故事讲完后，台下的每一位员工都记住并且产生了共鸣，领会了自己的意图。

场景三："拜访了那么多客户，费尽口舌，为什么还卖不出去产品？"

好吧，幸亏提前做了功课，这次给客户带来几个与产品相关的好听的故事吧。故事讲完后，客户终于对自己放下了戒心，开始专注于倾听自己。自此之后，客户便与自己建立了极为牢靠的关系，他们因为一个好故事而记住了自己，记住了自己的想法，更记住了自己的产品。

一个好的管理者，肚子里都有一堆的故事。在任何时候，他们都不忘记通过书籍、网络等渠道收集故事，并且提高自己讲故事的能力，从而使自己更有"力量"，在管理工作出现棘手的问题时，让故事来帮助自己解决问题。

故事是思想的烙印：它可以改变观念和行为

安妮特·西蒙斯说道："故事是思想的烙印，故事可以对观念产生影响，故事可以触摸心灵最深处。你可以将它用于你自己身上，也可以用于别人的身上。当你的故事触及灵魂，那么，你对心灵的影响可能是一生的。曾经听过的故事，或许你还不时会想起，你的思想和观点也会被它所左右。"总之，一个好故事，可以通过触及人的心灵，改变他人对原有事物的看法，彻底改变他人的思想观念及行为。

的确，一个好故事确实有着改变人的行为乃至命运的巨大力量，一位老母亲用老一辈人传下来的故事，时时提醒孩子要懂得节俭、感恩，从而让一个顽劣不堪的孩子开始懂得勤俭并富有爱心；一个怨气满满的妇人，每天可以通过一个净化心灵的故事，让自己变得平和安静，富有爱心，这便是故事改变人类行为的巨大力量。

电影《罪犯的救赎》中讲述了这样一个故事：

女白领丽莎开车在外旅行的路上，突然遇到了两个与外界断了联系，只能靠徒步回城的旅行者。好心的丽莎了解情况后，便载他们同行。两位男士上车不久，其中一位男士便拿出手枪威胁丽莎交出身上的钱财。这突如其来的情况让她感到害怕，这两名可怜的旅者原来是劫匪。

在无奈之下，丽莎只好拿出身上仅有的 300 美元给他们，说道："这是我身上所有的钱，全部给你们。如果不够，我皮包里还有一些零钱，也给你。"说着又掏出了几十元的零用钱递给了歹徒。

这两名歹徒从来没有遇到过如此爽快的人，顿时感到不知所措。这时，丽莎趁机说："这么晚了，你们的家人应该很着急，我送你们回城，告诉我，你们的家在什么地方？"这种充满温情的话让歹徒放松了警惕，把手枪收了起来。

眼看气氛越来越缓和，丽莎又开始说话了："我也是穷人家的孩子，从小就在加州一个贫民窟中长大。父母很早就去世了，我在学校发愤学习，才被一所不错的大学录取，后来，做了老师。虽然没什么钱，但日子过得还算精彩，这种自食其力的生活，让我觉得很踏实。"

歹徒仍旧一声不吭，于是丽莎继续说："只要有脚有手，想要好好地生活，哪里会找不到一份工作呢？倘若一时冲动犯了错，一辈子可就完了。"到了歹徒指点的地点，两人正准备下车，丽莎又说："希望那点钱能够帮助你们，用它去租个房子找份工作，以后好好生活吧。"

歹徒被丽莎的耐心和善良所折服，就把 300 美元还给了她，并说道："你说得很对，小姐，从现在起我们不再做这样的事情了，祝你好运！"说完，便急匆匆地走了。

这亦说明：故事就是有改变人的思想和行为的巨大力量。一个好故事能直抵人心，它时刻让我们提醒自己：我们总是不愿意接受已经被告知的某些"答案"，而是想通过自己的思考找到真正属于自己的答案，这便是我们人类共同的弱点。

这也给我们管理者这样的启示：当你属下的员工思想处于失控状态时，当他们的行为有违企业的纪律或法则时，当他们不听命于你的命令或约束时，你可以通过讲一个好的故事来抚平他们的心灵，纠正他们的思想乃至行为。一个充满希望、令人信服的故事可以祛除他们身上的燥气和怨气，一个饱含希望和复杂的故事可以一改你企业中死气沉沉、毫无生气的现状。企业文化是一种抽象的文化理念，管理者很难用语言用道理去阐述它，而一个故事则可以轻松让员工理解并去实践它……正如我们之前提到的，故事可以让管理工作事半功倍。所以，在企业中，你要成为一个合格的管理者，必须要强化和锻炼自己的故事力，这是一门必修课。

与数据和道理相比，故事更具说服力

无论在职场中，还是在生意场上，说故事已经成为了一种必备的能力。过去人们要求"言之以理"，而如今人们获取信息的渠道异常多样，思想观念亦是开放自由，很多时候会出现"有理说不清"的情况，为此，要有效地说服，只能"动之以情"，而故事便是最好的桥梁。

为何故事力已成为管理场上的一种必备技能？对此，一位资深人士指出，现在社会信息过于泛滥，很多信息早已经失去参考价值。但故事提供的是真实经验，能够引发听众的共鸣，进而对人产生信任。一旦有了信任感，再说服对方就不是难事了。

此外，从心理学角度分析，故事更能激发好奇心，更胜过讲道理。英国瑞丁大学教授盖伦·史特罗森指出，故事一开始会先激发听众的想象力，随着剧情的进展会产生好奇与疑惑，得知最后的答案后便豁然开朗。这种情绪上的反应，更能够影响听众的认可，进而改变想法。

《传奇品牌》一书的作者伦斯·文生也曾经做过调查，试图说服一群 MBA 学生相信某家公司确实有推进避免裁员的政策。研究人员采用了四种方法：说故事、提供研究数据、故事与数据并用、公司高级主管所拟定的政策宣言等，来做测试。结果发现第一种方法成效最好。可见，对于管理者而言，当你试图通过讲道理去说服对方时，不如给对方讲一个具有说服力的故事。

当然，还有的管理者认为，在很多时候，真实有效的数据应该比讲故事更有说服力！比如当你不得不向部门领导汇报最近和客户的接触情况时，你走访了 25 个客户，调查了另外的 100 个客户，有许多的信息都可以分享。你的第一个想法或许是以数字的方式进行总结和归纳。类似，我们访谈的客户中有 75％的客户对我们的产品在某些方面给予了肯定，而有 15％的客户针对我们的产品在某些方面提出了自己的想法或者建议。但是，这种基于数据的汇报方法远远没有故事有说服力。

心理学上认为，绝大多数的心理过程都是在无意识中发生的。人们对于这个过程毫无知觉，因此很容易关注自己意识到的信息，但是很容易忘记信息的来源是否真实，也很容易忘记自己正在处理情感。从这个角度讲，故事更能够引发人的情感反馈，同时还能激发人的记忆中枢，而人在受到激发的时候，竟然毫无知觉。为此，身为管理者，当你在汇报工作或向下属做工作汇总时，单纯地汇报数据不如通过一个小故事能给人留下的深刻印象。

当你在汇报工作时，与其用枯燥的数据，不如讲一个吸引人的小故事。你可以讲在做调查的过程中，一个来自新西兰的叫做玛丽的姑娘，给你分享了一个故事，介绍她如何使用你们的产品……然后，再针对性地将你的数据插入到故事中，这样汇报工作，会更有吸引力，并且还能给人留下极为深刻的印象。当然，更好的做法是，你可以在汇报中一面讲述玛丽的故事，而且还播放玛丽自述的视频，这样会产生更为强烈的情感联系，给人留下的印象会更为深刻。

不会用故事画"大饼"，你怎么继续当领导

会讲故事是一个管理者做好管理工作的基本要求。我们知道，一个管理者所背负的重要任务之一就是为公司或团队制订愿景（Vision），即描绘未来的发展方向，俗称为"画大饼"。

你的"大饼"画得是否足够好直接决定员工对公司未来的发展方向是否清晰，是否有足够的动力为之努力。好的"大饼"不但能让客户、投资者和合作伙伴对企业有更为清晰的认识，还能够凝聚人心，激发员工的工作积极性和向心力。而要画好这个"大饼"，必须要有极强的故事力。

有多数管理者可能会反驳说，我给员工做愿景时，只给出具体任务的数据就行了，何必费尽心思地讲故事呢？在年初动员大会上，我只需要对员工讲我们未来要突破的营业额为多少，这样不是能更具体、清晰地描绘出公司的美好愿景吗？这样的愿景看似很具体、可衡量、可实现，有现实性与时效性，但却有后劲不足之嫌。

管理者要认识到，身为员工的他们更关注的是自身利益，关注的是未来公司发展前景的美好预期所带给自己的改变。你用数字讲出来，员工就会反思：营业额达到了目标之后，公司又该如何发展呢？我的未来该置于公司的何种位置呢？我难道是公司用来达到营业额的工具吗？……换言之，用数字表达出来的愿景对帮助员工或投资人找到他们工作的意义毫无帮助。

身为管理者应该明白，公司存在的意义就是一个公司的使命和美好愿景。阿里巴巴存在的使命就是要"帮助小企业"，让天下没有难做的

生意。所以当年马云给员工描绘的公司愿景是"让客户相会、工作和生活在阿里巴巴，并持续发展最少102年，横跨三个世纪，能够与少数取得如此成就的企业相匹敌。我们的文化、商业模式和系统都经得起时间的考验，让我们得以持续发展。"这种使命和美好愿景，即对客户表明了一种坚定的态度，更关注了公司员工的未来发展。

在现实中，很多领导画的"大饼"在公司愿景层面上十分诱人，但却忽视了对员工层面的关注。让员工对你画的"大饼"做出承诺的前提是，他需要知道自己在那张"饼"上的位置。所以，"大饼"不要只是定义组织要做什么，一张好的"大饼"更需要帮助员工在这张饼上找到自己的角色和他们工作的意义，而且要让员工思考"饼大了以后对我有什么改变？"甚至更进一步地思考"我怎么能帮着公司把饼做得更大？"。大饼要能画到这种内外兼顾的程度才算有水平。而要画出这样一个成功的"大饼"，就需要运用故事的力量。

美国航天局为了全力以赴准备登月计划，其内部领导绞尽脑汁想出了一个办法。他召集航天局中各个阶层的人，无论是宇宙飞行器工程师还是拖地板的清洁工，认真详细地帮他们找到了其背后那份比自己工作本身更为宏大的意义。直到有一次，美国总统肯尼迪去航天局访问。期间去洗手间时，他看到一位清洁工正在那里拖地板。

肯尼迪向他报以微笑，感谢他把洗手间打扫得这样干净。那个男人马上回答道："不，先生，我不是在拖地板，我是在帮助我们登月。"

深受感动的肯尼迪将这个故事分享给了其他人，这个故事便迅速地流传起来。自此，也更加激发了美国航天局内部各个阶层员工高度的凝聚力，进而最终顺利实现了登月计划。

这便是故事的力量，他能激发内部员工的凝聚力和向心力，让公司内部的各个层次的人都能找到其背后那份比自己工作本身更为宏大的意义。因此，身为管理者，最重要的责任之一就是帮助员工找到那份意义并让它持久保持，而故事则可以起到这样的作用。比起那些干巴巴的说教，故事更能够让大家结合自身的工作得出属于自己的结论，而且也容易被人记住。

在这里我们并不是说明数据与说教是毫无说服力的，也不是表明做管理只需要每天讲故事就可以了。对此，美国著名认知心理学家杰罗姆·布鲁纳的研究表明，数据如果是故事的一部分，会比单独呈现更容易让人记住 20 倍。所以，数据和故事相结合更重要。

要知道一点，当你的员工将你的故事当成自己的故事，并且还在不断地讲给别人的时候，他对你故事里所要传递的思想就有了近乎信仰般的信任。这种力量会一直存在，以至于下次你都不需要重复这个故事，仅需要提醒一下大家那个故事。这便是故事的力量。

员工不买账，是你讲道理的方式出了问题

在很多企业，尤其是中小企业中，老板觉得管理难，是因为很多员工都将精力消耗在处理关系上。上下级关系、内外部关系，将人与人相处最为简单的问题复杂化、关系化，因此让本该简洁、高效的管理变得复杂和繁琐起来。

为了处理好关系，开会发言不能简单，需要察言观色再开口，以防祸从口出；处理工作问题更需要谨慎小心。公司中的高层可以简单，因为权大者有话语权，可基层的"小人物"却不能简单，他们要绞尽脑汁维持"关系"，许多人都会为此而感到痛苦，很多本来能够简单处理的问题，在"关系"面前则变得不能简单。如此一来，基层员工办事的程

序开始变得烦琐，一件事因多人管，就要"拜八方"，员工往往会变得无所适从、筋疲力尽。这种"简单的事情复杂办"，不但影响了办事效率，也阻碍了公司的发展，同时又磨灭了基层员工的创造力和进取心。很多老板意识到这个问题后，想从根本上改变这一状况，除了改变公司内部的管理方式外，还可以建立严格的考核制度，让每个员工的业绩都与工资挂钩，这样可以从根本上改变管理方式，但是身为老板，你还应该做到一点，那就是通过口头教育的方式，让员工从主观上端正工作态度。

可现实中，很多老板只会给员工讲大道理，使员工烦不胜烦，根本不理睬。很多时候，员工不理睬你，是因为你无法将你的观念、想法用合适的方法传播到他们的心里。即你说出的道理，没有触及他们的心灵。

三年前，我为一家国内知名的广告企业做营销策划。这家公司安排行政主管小陈负责接待工作和项目的跟进。小陈是个年轻人，二十七八岁的样子，名牌大学硕士毕业。他有很高的悟性，学习能力很强，但每次见到他，他的表情总是木然，愁眉苦脸的。有一次，项目组聚餐，席间，我跟他有了下面这段对话：

小陈对我说："我非常佩服你的管理方式，你每次讲话，都能说到我的心坎上，真的很让人信服。这些实战经验，你该好好地传授给我们老板。他每次在给我们分配任务或提升士气的时候，总谈一些大道理，干巴巴的，实在让人提不起兴趣来！所以，公司的士气总是很低落，很多员工一到开会时间就会没精神。"

我听了，只是笑了笑，没有表明自己对这件事情的态度。

后来，他又很谨慎地问道："您也是从基层做起的，我想问的是，您在做第一份工作的时候，每天快乐吗？"

我有些纳闷，他很突兀地问这样的问题，但我很认真地回答："很快乐，人生的第一份工作，总是能让人心怀憧憬的。"

他接着问："那当时，你们单位有人事争斗吗？严不严重呢？"

我很诧异，但仍然很认真地回答："我不知道。"

他接着问："那你参加了单位的派别吗？"

我很诧异地反问："有派别吗？我没感觉出来。"

他有些失望地说："你可真是个奇人，难道作为一个新人，你不了解一个单位的人际环境吗？就像我们单位，经理和副经理之间因为有矛盾，所以内部争斗很严重。这是我的第一份工作，我想专注于工作，但单位的人事纷争真的很让人闹心！你说，我现在该不该换一份工作呢？"

我明白了他的意图，但却无法直接回答他这个问题。于是，就给他讲了一个苏格拉底的故事：

"一次，苏格拉底将几个弟子叫到身边，问了他们一个哲学性的问题。他问道：'如何才能除掉旷野里的杂草？'

弟子们听罢这个问题后目瞪口呆，没想到老师竟然会问如此简单的问题。

一位弟子说道：'用铲子把杂草全部都铲除！'苏格拉低微笑着点点头。

另一个弟子说：'把石灰撒在草上就能除掉杂草！'苏格拉底还是点头微笑。

第三个弟子说：'不用那么麻烦，只要一把火就可以将草烧掉！'苏格拉底依然微笑不语。

第四个弟子说：'他们的方法都不行，用那些方法，过不了多久草照样还会长出来的，斩草就要除根，必须要将草根全都挖出来。'

待弟子们讲完，苏格拉底说：'你们都讲得不错，但这并不是最根本的办法，要想地里不长草，就要将那块地种上庄稼!'"

我真诚地告诉小陈说:"欲除杂草，必先种庄稼!"要想祛除你内心的杂草，就要先将注意力放在学习、工作等事情上。小陈，你知道吗，我在做第一份工作的时候，当时是一名杂志社的记者，我每天要到一线去采访，要和很多专家约稿。晚上我还要参加各种活动，了解最新的信息;回到家里，我还要读书，要学习;周六日我还要去图书馆，因为我当时还要参与编写一本营销方面的图书。我连自己手头的事情都做不完，哪里有时间和精力去关心公司内部争斗的事情呢!"

小陈听罢，沉默了许久。

对于小陈提出的问题，如果你直接给他讲大道理，他一定会觉得你在训导他，从而会产生排斥心理。而以故事的形式讲给他听，则很容易触动他的心底，而使他有所沉思和启发。

身为管理者，当你给员工讲话，他们却不理睬时，很多时候是因为你讲道理的方式出现了问题。很多管理者在给员工讲话的时候，总会给人一种高高在上的感觉。同时，你给他们讲的大而泛的道理，会让人觉得枯燥、难以触动人心。而如果你能用浅显易懂的故事形式给他们讲道理，就会显得朴实，贴近生活，更容易打动他们的心。

事实越描越黑，一个故事可以帮你搞定一切

在现实中，每个管理者都可能会遇到需要澄清事实的时候，被流言或谣传困扰、被上司或下属误解、员工被不实的言论误导致使人心不稳等等，这个时候能否澄清事实、稳定人心，最能考验管理者的管理水平。

遇到此类情况，一些管理者会召开全体员工会议，并向大家阐明事实。可很多时候，这种方式只会起到适得其反的效果，当你被某种流言困扰时，尽管你真诚地向大家说明情况，可大家未必会相信，可能只会越描越黑。这个时候，与其向大家正面说明，不如用一个故事来澄清事实。

我们知道，故事都包含着情感色彩和感官细节，它能直抵人的内心，激发人的情感因子和感官因子，尤其是那些带有细节情节的故事，很容易让人在脑海中呈现出画面感，从而对你描述的事实深信不疑。

查姆斯是美国著名的一名推销员，他在担任某公司的销售经理时，一些居心不良的人士到处散布公司出现财务危机的谣言。谣言一经传出，其属下所有销售员的向心力与工作热情大减，最终导致公司的整体业绩开始下滑。

由于情况较为严重，查姆斯为了挽救局面，不得不召开一次大会。在会议刚刚开始时，他首先请业绩最好的几位销售员说明近来公司销售量下滑的原因。这些销售员一一做了说明，或将原因归咎于经济不景气，或抱怨公司内部的广告不到位，或归因于近来市场上消费者对产品的需求量不大。

听完他们所列举的种种困难后，查姆斯突然站起来。然后说道："停，我们的会议暂停十分钟，我现在要把我的皮鞋擦亮一些。"

紧接着，他把公司附近的一名小鞋匠带到会议室，把他的皮鞋擦亮。参加会议的销售人员都不明白他的举动到底是何用意，禁不住窃窃私语。

而那位小鞋匠利索地擦着皮鞋，表现出了最为专业的擦鞋技巧。

等皮鞋完全擦亮后，查姆斯就递给了小鞋匠一美元，然后开始重新开始他的讲话。他对所有的人说："我希望你们每个人好好看看这位小鞋匠，他每天都要擦上百双皮鞋，可以为自己赚取足够的生活费，并且每月还可以存下一些钱。他曾经告诉我，他将擦鞋的工作已经当成了一项艺术来做。同他在一起的还有另一位小男孩，年纪要比他大。比他大一点的这个男孩每天也都很尽力，但是，仍然无法赚取足够的生活费。现在，我想问你们一个问题，那个大男孩没有生意，是谁的错？他的错，还是顾客的错呢？"

"当然是那个孩子的错。"大家异口同声地说道。

"当然没错了！"查姆斯回答，"现在我要告诉你们，这个时候与一年前的情况是完全相同的，同样的地区，同样的对象以及同样的商业条件，你们的销售业绩却远远比不上去年，这到底是谁的错？是你们的错，还是顾客的错？"

全体推销员全部都站起来，又发出雷鸣般的回答："都是我们的错！"

查姆斯说："我极为高兴你们能够坦率地承认你们的错误，现在我要明确地告诉你们的错误在哪里。你们一定是听到了公司财务发生问题的谣言，才动摇了你们的销售理想，影响了自己的工作热情。不是由于市场不景气，而是你们的推销工作不如以前那样卖力了。现在，只要你们回到自己的销售区去，并保证在30天内提高自己的销售业绩，公司就绝对不会出现财务危机，你们能够做得到吗？"

"做得到！"几千名员工一起大声地喊起来。最终，他们果然办到了，还使公司的业绩突破了历年来的最高纪录。

遇事要先从自身找原因，才能找出解决问题的根本症结。哪怕是最为卑微的职业，只要全力以赴，也能做到最好。查姆斯为了向自己的属下说明这个道理，讲了两个擦鞋匠的故事，使谣言不攻自破，也让员工心服口服地接纳了他的观点，这便是管理能力的最直接体现。试想，如果查姆斯在大家都垂头丧气时，先向大家澄清谣言，再长篇大论地给大家讲大道理，想必没人能够听得进去。所以，一个具有高超管理能力的领导，一定是会讲故事的，而且会信手拈来，让其在关键时刻，使管理工作事半功倍，使公司内部产生极大的凝聚力和向心力，产生出人意料的效益。

可在现实中，身为管理者如何去讲好能澄清事实的故事呢？

我们知道，故事是将细节、人物和事件整合在一起而形成的一个整体。在讲故事时，先要明确你所讲故事的一个整体线索，然后将事实合理地融入故事之中，让事实依托于故事。或者说，你要先想好一个故事，再将事实融入，然后再绘声绘色地将它讲出来。

那么，问题是你该怎样去讲呢？

在讲故事时，你的身体和语言就是一个完整的剧场，包括舞台、演员、服装、音乐以及动画，你传达给观众的，绝非只是语言，而是一个集合了听觉和动态的综合表演。所以，讲好一个故事就好比演一出话剧，你需要全身心地投入到这个故事中，这样你讲故事时的情绪、表情才能到位，否则，讲出的故事就无法让人相信。

此外，在讲故事时，你的手势、表情、姿势、眼神等等都要到位，以确信故事的真实性。要想使这些都水到渠成，最好能讲一个自己亲身经历过的故事，这样才能让人身临其境，更让人信服。

品牌营销做不好，很可能是你不会讲故事

在远古时期，人们围坐在火堆旁边，或者坐在广场上，讲着一些史诗般的故事。而如今，虽然人们的娱乐形式发生了很大的变化，但听故事的传统却并没有改变，从故事的开始、发展再到结尾，一个好的故事总能使人沉浸其中，跟随故事的节奏而起伏，并愿意为之口口相传，这便是故事的魅力。同时也说明了，故事作为一种原始娱乐的属性，它有极强的传播属性。一个好故事，可以使得人们口口相传，成为让人永远难忘的经典。鉴于此，在商业活动中，如果我们能运用故事的传播属性，让它为品牌传名，那不失为一种好的营销方法。世界上许多大品牌都有其耳熟能详的品牌故事，其中有些品牌也是靠着一个好故事而美名远扬的。

提及海尔，我们都会立即想起"张瑞敏砸冰箱"的故事。正是这个故事，成就了海尔全国名牌的地位。

在 1985 年，海尔从德国引进了世界一流的冰箱生产线。一年之后，有用户反映海尔冰箱存在着质量问题。海尔公司在给用户换货后，对全厂的冰箱进行了大检查，发现库存的 76 台冰箱外观有划痕，但不影响冰箱的制冷功能。时任厂长的张瑞敏决定将这些冰箱当众砸毁，并且提出"有缺陷的产品就是不合格产品"的观点，在当时的社会中引起了极大的震动。从此这个大锤为海尔品牌名誉全国，走向世界打下了铁一样的基础。

在 1999 年 9 月 28 日，张瑞敏在上海《财富》论坛上说："这把大锤对海尔今天走向世界，是立了大功的！"

当然，除了海尔公司，还有可口可乐的神秘配方的故事；有肯德基的山德士 65 岁艰苦创业的故事，有星巴克和大白鲸的故事，有乔布斯和苹果的传奇故事。

现实中，你的品牌营销做不好，多半是你没有给大众讲一个好的故事。你的产品也能通过一个动人的故事，去吸引用户主动了解你的产品，帮助产品做一场冷启动。那么，我们为自己的品牌，该构思怎样一个动人的故事呢？

第一步：首先要清楚，你要用故事传达什么样的品牌理念。比如苹果 Think Different 的品牌理念，耐克 Just do it 的注重个性的品牌理念。

第二步：要明白，你想用故事激发怎样的品牌情感。比如张瑞敏的砸冰箱事件激发的是全社会对海尔产品品质的认同与企业文化的敬佩，即是品牌情感；比如褚时健种橙事件，阐述的是一个老当益壮、永不放弃的个人精神，激发的是"永远不晚"的创业激情。对此，我们同样也可以结合企业自身的发展历史、关键人物、时间、事件和自身产品，开始初步地构建一个事实的框架，

第三部：受众者听到这个故事后，会采取怎样的行动，即对受众群体反应的预期。一般情况下，当我们讲完某个故事后，应该能激发出受众群体的某种情怀，让故事引导他们对你的产品产生好感，企业的任何举动都能在对方心中产生持久的影响力。这样的故事才能被称为成功的故事。

故事可以巧妙地帮你解决"管理难题"

倡导用讲故事来提升管理者领导力的肖恩·卡拉汉指出："在当下，为何许多管理者对讲故事越来越感兴趣，这是因为世界正在变得越来越复杂，变化越来越快。企业要想获得快速反应的能力和超强的适应力，就必须要在内部形成真诚的关系，培育理解和运用情感的能力。在这样的大环境趋势要求下，讲故事便成了企业的核心竞争力。"这告诉我们，在当下的市场环境中，故事可以有效地提升企业内部员工的凝聚力，提高工作效率，能让他们在快速理解公司战略决策的基础上，拥有快速地市场反应力和适应力，从而使企业能快速地抢占市场。从这个意义上讲，讲故事便成为每个管理者的必修课，因为管理者是故事最主要的"传达者"或"讲解者"。在管理过程中，领导者都需要运用故事的力量来提升自我的影响力和解决管理难题的能力。这是因为：

1. 在企业中，员工不仅要知道重大决策背后的原因，还必须理解企业的宗旨和原则。因为商业世界正在发生快速的变革，常规的战略很难快速地适应变化的环境。这时，你就要把注意力转移到宣传公司的宗旨、价值观和发展方向。而故事则可以很好地承担这个"传达"的职能。

2. 故事可以让员工更具体地感受到公司的文化氛围以及文化脉搏。对于一个企业来说，文化是极为抽象的概念，如果单一地让员工喊口号，传授价值观，很难让员工把公司的这种精神理念融汇到血液中，而如果能将公司的价值理念融入到一个故事之中，则很容易让人理解和深切地领悟到这种精神内涵。

盛世广告公司通过鼓励员工讲述自己的故事，来加强员工对公司核心价值的认同。每个季度全球范围内会有20位员工聚在一起，参加一整天的会议。会议内容就是鼓励大家分享激发灵感的故事，可以是如何从同事或工作中获得灵感，也可以是如何在工作中启发某位同事。盛世广告公司通过这样的活动将个体灵感与灵感本身结合，这是其核心价值之一。

通过这种方式发掘故事，你会找到员工、客户、股东之间更深层、更有意义的联系，获得可以帮助你做决策的信息。如果大家信任你，这种方式可以让你感触到企业文化的脉搏，你能很快地知道哪些故事在流传或回避。更重要的是，你可以发掘到那些未曾有人讲过的故事。

3. 故事更容易被人们记住并分享。与那些枯燥的信息或数据相比，人的大脑更容易记住那些有情节、有情绪、有开始、过程和结果的故事。尤其在企业中，一些员工可能不会记得你传达给他的具体的数据，但却一定会记得你讲给他的故事，以及故事所传达出的思想。如果你讲的故事有吸引力和影响力，那么他们会十分乐于与他人分享。很多源于个人经历的领导力故事，可能会被争相传播，而你也可能成为基层员工争相模仿或崇拜的对象。

4. 故事因为有情节，有情绪，所以它更能引发记忆和情感。我们可以做一个试验：假如你是听众，请严格按照我的指示来行动：我现在禁止你想象一只拥有光滑的金色长毛的小狗狗。重复一遍：现在不要想象一只拥有光滑的金色长毛的小狗狗，在白雪皑皑的雪地里，带着制作精美的小雪橇快乐地滑跑。雪橇上面坐着一个穿着白色长纱的小女孩。在滑行的过程中，她的脸上挂着喜悦而自由的微笑。

最后结果呢？事实上，一旦你读了上述句子，便会立即引起你的想象，你已经在想象中成功建立了这样一只漂亮的小狗的形象。同时，你又利用自己的记忆，产生了一种美妙的、浪漫的幻想，引人入胜。毫无疑问，令人无法抗拒的故事更能够抓住人心。在企业中，当你为员工讲一个好的故事时，他们不由自主地会激发出一种或悲或喜或激昂或积极的情绪来，并将这种情绪牢记在心。每当受到外界事或物的刺激时，他会不由自主地想起这个故事，从而规范自己的行为。

5. 故事能让听者在无须引导的情况下得出自己的结论。假如你是一个经历困难后成功的企业家，你将你的经历讲给你的员工听，你讲面对困境是如何克服的，如何与人打交道，最终说服对方的，最终取得了了不起的成就。你的员工在聆听这个故事时也是一个间接的学习过程。他们会对这个故事给予极大的关注，会学习你为人处事的良方，学习你克服困境的毅力，并且牢记他们。

6. 故事能够建立信任。对于管理者而言，能否赢得下属或上司的信赖是管理工作取得成效的关键。在日常生活中，与那些滔滔不绝的说教相比，如果你能为他们讲述一个亲身经历的故事，听众便会不由自主地融入到故事当中，并且乐于将学到的经验用来规范自己的行为。所以，故事可以让你从一个"任务"型领导变成一个专注于构建基于信任的人际关系的领导。

7. 故事可以帮助人们描绘美好的未来。在管理界曾经流行一句话：每个管理者都必须是一位"造梦大师"，为员工描绘可视的美好的愿景，是管理工作一项重要的内容，但为了能更好、更准确地为员工描绘这样一个愿景，从而激发他们积极工作的意愿，他们的创意与激情，只有借助故事这种形式。因为故事可以给人造成"可视化"的意境，让人能够更形象地"看"到公司以后美好的蓝图以及自己的美好未来。

第二章

管理员工：
影响力不够，员工凭什么听你的

对管理者而言，影响力是至关重要的，它是一种可以让人对其心悦诚服乃至不假思索地顺从、喜爱或者是崇拜的力量。一个人具备了影响力，就能够让人相信他的想法、行为是正确的，也有能力让属下的员工按照他希望的方式去思考，去相信他希望他们相信的事情，或者去做他希望他们做的事情。可以说，影响力就像一个管理者的"免检说明书"，当你具有影响力时，你说出的话，下达的命令，都会令员工心甘情愿地去执行。所以，身为管理者，要提升影响力，最直接、有效的办法就是讲故事。因为故事力是一个领导者智慧、知识、能力等综合实力的体现，你若能随时随地给员工讲一个令人动容的好故事，便会立即在员工的心中树立起你的崇高形象。

道理讲得透，不如故事讲得好

小时候，我们犯了错，父母会唠唠叨叨、滔滔不绝地跟我们讲道理："你这样做是不对的，知道吗？对人有礼貌的小孩才是好孩子！"后来，进了学校，老师也会给我们讲大道理，从学习到做人；毕业后进入公司，也常听领导喋喋不休地跟我们讲道理。

一次，一位领导找下属谈话，下属的情绪有点低落，领导就劝了他几句，讲了一些大而空的道理，领导见下属没有反应，于是继续讲。突然下属忍不住了，大声说道："你真不愧是领导，这么会讲道理！"一时间，领导明白了，讲道理激起了下属的反感。

也许很多管理者不知道，下属听你讲道理的时候，表面上沉默，甚至对你的话表示认可，实际上他们心里早已经厌烦，出于对你的尊重，才忍气吞声地接受。他们在听你讲道理的时候，早已经当作耳边风，你的大道理对他们根本起不到任何作用。

一位女职员上班后找朋友诉苦道："领导经常给我们讲道理，好像他知道的东西多，我就是一个不懂事的小孩儿一样，特别让人讨厌。"朋友说："那是领导在关心你，才会找你谈话，跟你讲道理，也是为你好呀！"

女职员说："我才不稀罕。他讲道理时，我也只是左耳朵进，右耳朵出，他说了也没用。"

在管理行为中，讲道理很多时候都属于无效沟通，因为对很多人来说，那些大而空的道理显得枯燥、单调、缺乏说服力，加之从领导口中听到这些，很容易让人产生逆反心理，所以，身为管理者，千万不要给员工讲道理，因为没人愿意听。当一个领导者想通过给员工讲道理来解决问题时，他已经处于下风，这是管理上的无能。

一位企业的人力资源经理说，他在日常管理中，最喜欢"讲道理"，于是，他每天都会花费大量的时间去"讲道理"。当员工发生冲突时，她去讲道理；当部门之间配合不好时，她也去讲道理；当下属不支持他的工作时，他也去讲道理。可是，当别人问及"讲道理能解决问题吗"，他却一脸无奈地说："唉，这些人都不讲道理。"

每个人都有属于自己接纳事物的方式，每个人都有自己的思想和理念，都有自身看问题的角度。如果你和他讲道理，只是站在你的角度强硬地让别人接纳你的观点，对方怎么可能认同你呢？道理讲多了，就成了纯粹的理论，这些理论早已经被别人讲了无数遍，你再去反复地赘述，味同嚼蜡，有谁会爱听呢？

事实上，真正优秀的管理者，会通过讲故事的方式来表达自己的观点，来说服员工，引发员工对自身的情况进行思考。而且这个故事往往有趣、深刻、令人难忘，能持久地对员工发挥影响力。通过讲故事来表达观点，激励员工，是一种趣味性的沟通，绝不同于用讲道理来强迫员工接受的方式，所以，往往能收到不错的效果。

身为一家小公司的老板，林强最近经常私下里听到一些员工在抱怨老板抠门，工资太低。林强知道，自己的公司刚刚成立不到半年，现在正是需要稳定人心的时候。

第二天一大早，林强便召开全体员工会议，在会议上，他没有提及员工私下里的抱怨，而是给员工讲了这样一个故事：

在美国西部，有位年轻的小伙子总梦想着自己能成为一名新闻记者，可他缺乏经验又没有熟人推荐。他不知道如何才能得到一份报社的工作。有一天，他灵机一动，给报界名人马克·吐温先生写了一封求助信。

几天后，他就收到了这封改变他未来命运的信，信中说："假如你能按照我所说的去做，我可以帮助你在报界得到一个职位。你现在要告诉我的是，你想到哪家报社去工作？"

小伙子把这封信翻来覆去看了几遍，又异常兴奋地写了一封回信。信中说明了他所心仪报社的名称和地址，并向马克．吐温诚恳表态，表示愿意听从他的指示。

又过了几天，小伙子收到了马克·吐温的第二封信，信中说："如果你肯暂时只做工作而不拿薪水，你到任何一家报社，那么人家都不会拒绝你；至于薪水问题，你可以慢慢来。你可以对报社的人说，我非常热爱记者的工作，我可以从零做起，并且不需要任何的报酬。听我的，我保证你会找到一份你想要的工作。

"在你得到第一份工作后，不要以为不拿薪水就可以没有工作压力；正好相反，你一定要全力以赴。得到那家报社的重视以后，你再到各地去采写新闻。如果你所采写的新闻稿件确实符合编辑部的要求，报社自然就会陆续发表你的作品。当你正式成为一名外派记者或者编辑时，也就自然成为这个报社中的一员了。慢慢地，大家也会觉得离不开你，你自然也就不用为自己的薪水而担忧了。"

读完这封信，年轻人异常兴奋，但又有些担心，这的确是一个好办法，但关键是能否行得通。最终，他还是照做了。就这样，他到了一家向往已久的有名气的报社。在报社工作的第一个月里，他遵照马克·吐温的嘱咐，兢兢业业地去学习新闻写作，发掘新闻素材，做好每一件琐碎的小事情。不久他的采访稿终于被编辑部采用了。为此，他很受鼓励，更加努力地工作，采写的新闻又频频出现在报纸上面。

慢慢地，小伙子的才气与名字已经在报界广为人知。几个月后，他收到了另外一家知名报社的聘书，表示愿意出高薪聘请他。他所在的报社听说此事以后，以双倍的薪水待遇将他留了下来。就这样，他在那里继续待了五年，五年后，他已经成为那家报社的主编了。

故事讲完后，林强总结到：一个人要想先赚到钱，就必须要想办法，抓住机会，使自己有价值。那些在刚开始就注重机会和自我成长的人，最终都能成为不凡者。我们公司虽然刚成立，给大家的报酬不高，但是，我们有发展的潜力，大家在这个平台上，可以最大限度地施展自己的才能，等你们能力足够强时，就可以理直气壮地找我要求加工资了。如果到时候我还是无法满足大家的要求，那大家自然可以选择跳槽，到时候自然会有更好的机会和高报酬的工作等着你们。

这个会议之后，林强感觉大家的工作积极性明显提高，干劲也十足。

可以试想：如果林强给员工讲大道理，会让员工觉得：这是在巧言令色地说服我们白白地为公司付出！只会起到相反的作用。而林强则通过一个真实的故事，让员工来反思自我行为，亦让他们认识到，计较一时薪水的高低是一种短视行为，当自己通过努力提升了自己的价值，自然会有高薪，林强达到了既定的目的。

身为管理者，给员工单纯地讲道理，不如给他们讲故事，并且你讲出的故事要有寓意、有深意，而且要讲得生动有趣，那么你将会成为一个受欢迎的领导者。领导力大师约翰·科特认为："故事长驻大脑，因此带来变化，有机会影响员工的行为。"那就从今天开始，尽量不要和员工讲道理，而是试着给员工讲故事。用故事来阐述道理，用故事引导员工改变行为，这样会起到更好的效果。

用影响力去领导：为自己"炮制"一个足够精彩的故事

现实中，很多老板注重管理方法的学习，回到企业后，满腹的管理知识却无法实施，根本原因是影响力不够。你想在企业内部实施"分权"、"分利"、"分风险"的管理措施，但因为员工不配合，所以一直落实不到位。当你实施某项管理措施的时候，员工心里总会想："我为什么要听你的?"这也是许多管理者应该反思的问题，身为一个管理者，你征服下属的资本是什么？

如今，很多管理者都在学习，觉得只有通过学习才能解决企业存在的种种问题，才能将企业变得更好。然而，多数管理者把学习的重点都放在如何吸引人才、培养员工积极性和执行力这些方面，忽视了自身的发展才是一个企业强大的根本。其实，企业一切问题都不需要你去考虑，你最需要修炼的是你自身的影响力。

一个管理者的影响力究竟有多重要？如果你的企业员工没有执行力，内部管理松散，这证明老板的影响力不够，员工不信服你，你的言行无法起到教化员工的作用。任何一个组织中，领导者自身的影响力，远远大于企业规章制度的约束力。当员工自发自觉地对你产生崇拜之心时，自然会被你吸引，为你所用。

管理者要塑造自身的影响力，需要做很多努力，最重要的一点就是在员工面前塑造你的人格魅力，而要快速地实现这一点，你需要给员工讲一个关于你个人经历的好故事。

威廉姆斯是一家管理咨询室里的员工，他的主要职责是为企业中的那些精英们提供可实施的管理方案，解决管理难题，有时还设计卓有成效的管理策略。尤其在塑造管理者个人魅力方面，他颇有心得。他知道对于一个刚升职或刚到任的管理者应采用什么样的方法去收服员工们的心，并让他们以后听命于自己。

"方法就是讲故事。"威廉姆斯说，"当员工们面对一个几乎是一无所知的陌生人，一切有关他的信息都来自于别人的介绍或个人简历，与那些枯燥的个人简历相比，他们更愿意相信关于你的一个精彩的故事，并会认为这才是真实的你。因此，对于一个新上任的管理者而言，能否收服员工们的心，关键在于他能否接受你的故事或者能否被关于你的故事而感动，并由衷地对你产生敬服之心。"

威廉姆斯讲出了一个管理的真谛："让员工接纳你，信服你，接下来一切都好办了。如何让员工接受你呢？你首先要改变你的精神状态，富有激情地向他们讲一段关于你的一段激励人心的，并且富有煽动性的故事，让你的故事承载他们的梦想，使他们梦想着终有一天，也会变成像你一样的人。正如一个黑皮肤的人成为了美国总统，这是一个多么伟大的故事。接下来会发生什么神奇的事情呢，这个国家在他的带领下一定会走向更深层的变革。底层民众更喜欢这样的故事，而他们掌握着更多的选择。"威廉姆斯笑着说，"就如这样的一个无比动听的故事，只要承载着每个员工的梦想，你的支持率便会上升，他们也会把你当作最令他们崇敬的偶像！"

迅速提升你的影响力，让人信服并敬服，必须要事先设计和包装一个关于你的故事。这个故事必须具备两个因素：

1. 必须能够打动人心。

2. 它承载着人们最广泛的情感或梦想。

总之，你讲的故事能否感染到你的员工，让他们对你产生崇敬之情，要看故事本身是否承载着某种梦想。无论听故事的人是谁，都能被故事推动，将故事根植在心中，这样才能让他们信服于你，敬服你的行为，听从你的指挥和教导。

一个好的故事可以传达一种感染力，它可以是悲壮的、快乐的，或者是压抑的、震撼的。总之，当你把这种感染力附着于自我身上，那你本身也就有了征服的力量，因为它开始辐射这种特定的情绪。

一个好的故事也是具有吸引力的，即当你的故事与人们的梦想关联在一起的时候，人们就会迫切地想加入进来。这是由吸引力法则决定的。每个人都希望主宰自己的生活，谁都想实现梦想。所以，你的故事也必须要具有这种魅力，让听众自发走近你，然后成为故事的忠实支持者。

一个好故事可以使听众不自觉地成为故事本身的参与者。换言之，当你的故事足够精彩时，听故事的人会不自觉地参与到其中，帮你不断地完善你的故事，从而使你的人气暴增。人们的情绪也在讨论故事的过程中，不断地发酵，直到将它的影响力推到顶点。

故事激发认同感：先认同、信服，再卖力工作

身为管理者，激发员工的敬业精神和工作积极性是常见的事。因为对于一家企业的领导者来讲，如果缺少员工的协助，就算有再大的能力，也难以做出巨大的成就。所以，如何激发员工的工作动力与激情，是每位领导者都要考虑的问题。

在现实中，很多管理者常用的激励方法是讲道理式。为了营造良好的工作氛围，会定期召开会议，不厌其烦地告诉员工如果得过且过，未来会如何。还会在员工工作办公室的墙面上贴上与"敬业"相关的名

言，比如："世界上没有卑贱的职业，只有卑贱的人。""机会往往都藏在责任的背后！能承担多大的责任，便会获得怎样的机会！""如果工作是一种乐趣，人生就是天堂"……而且每个月会有敬业排行榜，贴在公司最为醒目的位置，实行奖优罚劣，如发放加班费，提供晚餐等等，这种方式可能一时有效，但久而久之，员工就会麻木，这亦成为了一种"形式主义"。

而聪明的管理者，则除了适当地运用物质激励与口头鼓励的方式去激发员工努力工作外，还会采用更深入人心的讲故事的方式，真正地触及到员工的灵魂，让员工在认同、信服的情况下，自愿自发地工作。

与马云相处过的人几乎都认同，他的口才"实在太好了"，好得让人对他的话总有些将信将疑。马云第一次到央视录制节目时，某编导就认为他夸夸其谈，"不像好人"。而阿里巴巴之所以能够不断地吸引外来人才的加入，除了其本身的吸引力外，与马云的故事式的激励也是密切相关的。

1999年，马云决定回杭州从零开始，创办"阿里巴巴"网站。那时，他对北京的伙伴们说：愿意回去的，只有每个月500块的工资；愿意留在北京的，可以介绍去收入不菲的雅虎或新浪。他要给3天时间让他们考虑，但不到5分钟，伙伴们一致决定跟他一起回杭州创业。

阿里巴巴刚成立时，在杭州湖畔花园的马云的家中，他曾慷慨陈词："从现在起，我们要做一件伟大的事业，我们的B2B将为互联网服务模式带来一次革命！你们现在可以出去找工作，可以一个月拿三五千的工资，但是3年后你还要去为这样的收入找工作。而我们现在每月只拿500元的工资，一旦通过你们的努力，我们的公司成功了，就可以永远不为薪酬担心了。"

身为管理者，可以细思一下：这两个版本哪个更能够激发员工的敬业热情呢？哪个更能让他们自发自觉地主动去付出努力呢？显然是后者。

激励是以语言信息的作用力作为刺激，激起员工奋发向上的动力。讲道理能帮你赢得辩论，但好的故事却能够引发共鸣，激发情感、信心，深入人心，进而使人自发地改变自己的行为。所以，讲故事激励法永远胜于讲道理。诚然，给员工讲故事式的激励，并不是简单地给他们讲励志小故事，讲出的故事要让他们找到方向、看到目标，看到自己付出努力后的美好前景，并帮助他们找到创造成绩的契机，通过激励他们来实现人的成功的欲望，让他们心甘情愿地实施你的方案。

因此，这就要求管理者在构造这样一个故事的时候，将员工的个人目标与更高层次的部门目标、分公司目标乃至整个企业的目标相联系，使个人目标与组织目标相一致。当员工感觉到为公司努力工作就是在为自己工作的时候，公司利益与员工自身利益即达成一致，你的故事就成功了。这样的故事才能激发员工竭尽全力、不遗余力地工作。

想让员工吸取经验和教训，就与他们分享你的经历

想象一下，你带领你的团队完成了一个大项目。最后，你要在大会上做总结报告，要让参与的每个员工都总结其中的经验和教训，并且在以后的工作中更好地改正自己的一些错误做法。这个时候，身为管理者，你就需要将你完成项目的经历，转变为一个故事再向大家呈现出来。因为，将经历变成故事，一方面可以让大家将所有的经历以画面的形式呈现在眼前，另一方面，故事最能激发人的内在情感，让人去反思自身的行为。

马经理带领他的团队，努力两年，终于完成了公司的一个跨国大项目。在此之后，董事会提出让马经理用一天的时间来总结其中的经验和教训，并和公司的其他员工分享。

接到这个任务后，马经理十分苦恼：苦熬了两年时间，除了感到身心俱疲外，真没有可吸取的经验教训。对此，他的助理建议，把这两年的重要事件重新回忆一遍，以故事的形式呈现给大家，并在每个故事结尾给予总结。这样既清晰地向董事会汇报了他和团队成员这两年的艰辛付出，又能达到向大家分享经验和教训的目的，是一件两全其美的事。听了助理的建议，马经理思索了一会儿，马上说道："在工作的过程中，的确有许多经验和教训值得给大家分享。"于是，他仔细地回想了这两年来的所有经历，并将重要的事件一一列出，形成一个个的小故事，然后在每个故事后面都进行了总结。

几天后，马经理顺利地完成了董事会交给他的这项任务，在会议结束时，赢得了热烈的掌声。

在现实工作中，我们会经历很多事情，可是大部分的经历都被我们遗忘了，除了那些被我们变成故事的经历。故事反过来又将经历变成了包含相关教训的一段叙述，因而给了经历新的生机。然而极为重要的是，故事只有在讲述的时候，其中的经验和教训才会被我们领悟，也才会触动听众的内心。如果没有故事为我们提供十分详细的背景信息，经验和教训都只是一种模糊的体验。所以，当你决定让员工对某项工作做总结汇报时，最好能够创造一个良好的条件，让他们将相关经历做成故事呈现出来，那么，听到的人便很容易领悟到其中的经验和教训。

当你想向别人传达你复杂的行为、思想或感受，但无法用简单的语言来表达的时候，用故事来传达便显得十分有效。最典型的事例便是你向员工传递公司价值观的时候。如一家化妆品公司，要向员工传递"你希望别人怎样待你，你也要怎样待别人"的价值观。于是，向培训机构提出要给员工灌输这样的服务理念。这家培训机构的负责人反复思考后，最终想出了一个绝妙的方法：向公司所有的管理者征集与此价值观相符的故事。每个管理者都提供了一些故事，最终，选定了一个最具代表性的。于是，在第二天的培训现场，培训公司邀请公司的最高层领导人向员工讲了这样一个故事：

"你希望别人怎样待你，你也要怎样待别人"这是多年来，我们公司奉行的处事原则。我们公司的一些老资历员工，无论是对待客户还是对待同事，一直都在践行这个原则。

上周三，我们的商场里来了一位年迈的老太太，她只是临时过来避雨，对我们的商品丝毫不感兴趣。可我们的商场总经理还是从办公室搬了一把椅子给这位年迈的老太太。今天，我们就迎来了两位对我们的产品感兴趣的女士，你们猜得没错，都是经那位老太太介绍来的，她被我们的行为感动了。

除了对顾客如此，我们对内部的员工也奉行这样的行为原则。

在今年的3月份，我们的一位主管约翰要辞退一名员工，因为这位员工是个"呆人"，对工作缺乏兴趣和能力。在辞退这个员工时，约翰没有采用惯常的方法：把员工叫进办公室告诉她已经被辞退的坏消息，接着要求她在15天至30天内办理移交手续，而是另外采取了一些合理的做法，把事情办得很成功，让人心服口服。

他首先解释，找一份新工作以达到"适才适所"的目的，对这位员工更有利，然后陪同该员工一起到一个很有名的职业咨询专家那里去征求意见，接着又安排她跟别的公司的主管面谈。这些公司都是必须用到该员工专业技术的公司。结果在"辞退会谈"之后的第20天，该员工就找到一个称心的新工作。

约翰解释道："主管应该爱护手下的每一个人。我们有责任不聘用那些无法胜任工作的人，但既然已经聘用了，至少也要帮他找一条出路才对！"

"任何一个人，"他继续说，"都可以轻易地聘用其他人，但是对于领导人真正的考验是'如何辞退员工'。在员工离开之前，帮他找到另一份工作的做法，会使员工真正地感觉到'他的工作很有保障'，我用这个例子让他们知道：'只要有我在，就会让你发挥价值。'不久，这件事情被约翰部门的员工得知，员工们为有这样一位上司深感欣慰和幸运，更加卖力地工作。这也意味着，约翰的这种人性化管理方法，终于获得了肯定和回报。"

培训人员通过这两个故事，让员工从两位管理者的经历中吸取了经验，也真正地理解了公司价值观的深刻内涵，让人在深思和启发中获得了教育。由此可知，身为一名管理者，想让员工在工作经历中获得经验和吸引教训，那就学会将你的经历变成故事讲出来，或者鼓励员工去讲属于他们自己的故事，在这其中，你将获得极为丰厚的回馈。

想驾驭居功自傲的员工，学着用故事去"提醒"

《贞观之治》中讲述了这样一个让人记忆犹新的故事：

尉迟敬德很早就跟随李世民英勇作战，为唐朝的建立立下了汗马功劳。

唐太宗即位后，尉迟敬德仰仗自己是有功之臣，便自傲不羁，骄傲放纵，还经常盛气凌人。他的很多行为都招致了同僚们的不满，有人甚至告发他有谋反之心，唐太宗对此并未轻信，而是将他找来询问真假。

尉迟敬德这样回答："臣跟随陛下周游四方，身经百战，有幸能够在无数的刀剑下逃生出来。现在天下终于太平，你觉得我们这些人还会再将自己置于刀剑下吗？"说完后将自己的衣服脱下扔在地上，露出身上的累累伤痕。唐太宗见状感动得直掉眼泪，连忙好言安慰了尉迟敬德一番，这才平抚了他。

然而尉迟敬德习惯了骄傲不羁，平时骄纵成性，一时也很难改正。

有一次，唐太宗大宴群臣，尉迟敬德与在座的人争论谁的功劳最大，不料与李道宗发生口角。一气之下，他殴打了李道宗并弄瞎了对方的眼睛。李道宗是李世民的叔父，唐太宗看到尉迟敬德如此无礼，十分不悦，草草结束了宴会。

李世民亲眼看到尉迟敬德在酒宴上行凶，回到寝宫后，长叹一声。随侍的人问他为何叹气，李世民深有感触地说道："我之前总是不能理解汉高祖为何在即位后要大肆屠杀功臣。我想，天下都是那些功臣打下来的，为何不能与他们共享荣华富贵呢？当时我就想，如果有一天我成为帝王，一定不会像刘邦那样，我要与一起打天下的功臣共荣辱，肝胆相照，绝不猜疑他们。如今看来是我一厢情愿，我现在才明白高祖狠心将韩信与彭越等人杀害，并非是高祖的过失呀！"

这番充满杀机的话很快就传到了尉迟敬德等人的耳中，这让尉迟敬德和那些平时喜欢居功自傲的大臣吓出一身冷汗，这才意识到自己终究只是臣子，功劳再大也不能做出违规越礼的事情。从此以后，他们的行为大为收敛，不再仗势欺人，尉迟敬德更是足不出户，只在家安度晚年。

我们可以设想：如果李世民没有借用故事发出那番感叹，那尉迟敬德可能会愈加放纵，得意忘形之余犯下不可饶恕之罪。到那时，李世民就只能上演一出"挥泪斩马谡"的悲剧了。他用如此相似的一个故事，既唤醒了尉迟敬德的自知之明，使其不至危害国家与社会，又保全了他的名节，不愧是一位高明的管理大师。

在现实管理中，很多管理者会遇到一些骄纵的员工，倚仗着自身的资历，居功自傲。尤其是在犯错后，屡教不改。管理者给予忠告后，其仍旧不守规矩，我行我素，脱离大众。管理者要驾驭这样的下属，就要懂得方式和方法。与其他的形式相比，以讲故事的方式对其进行旁敲侧击不失为一种好方法。这是因为，一方面，给对方讲故事，是一种比较间接的提醒，不会因为太过直接而得罪"有功之臣"；另一方面，故事能给人以心灵的启发，直击人的情感痛处，很容易达到教育的目的。

管理者要注意，对于功臣的错误行为不能只靠权力和命令来强制其改正，而是要晓之以理、动之以情，只有这样才能使他们信服。给他们讲故事最能达到这样的效果。相反，如果他们犯错后你就对他们大发脾气，以教训人的方式去命令他们，只会激发对方的逆反心理，招致不服，甚至可能会使他们与你反目成仇，与你针锋相对，这样一来，就更麻烦了。

要让员工改正错误，去启发而不是指责

现实中，很多管理者可能都有这样的体会：为什么我怀揣一颗好心，怀着一片诚意，费尽口舌地指出员工的错误，并且讲得很有道理，最后不仅得不到对方的感激，反而还会受到员工的讥讽和指责呢？

事实上，正确的道理每个人也都乐意去听，也愿意去接受。但是如果没有把握好说服员工的尺度，犯了"过犹不及"的错误，自然也就会

遭到员工的反感。把"硬邦邦"的道理说出来不会伤人并且技高一筹，其实还需要讲究一定的方法和技巧。那些聪明的管理者，都会将道理融入故事中，通过给员工讲一个富有启发意义的故事，让他们自己去体会，并改正自己的行为。

查尔斯·斯科尔特是一家钢铁公司的总经理，有一天中午，他路过厂房，看见几位工人正在吸烟，而在他们的头顶，正好有一块大牌子，上面写着"禁止吸烟"。大多数的管理者看到这种情况大概都会走上前去，指着那个大牌子严厉地说道："你们不识字吗？"但是，斯科尔特没有这样做，他针对此现象，给全体员工讲了一个禁烟的故事。

我们知道，保罗·盖蒂是美国著名的石油大亨，谁也不曾想到，他曾经一度也是个"大烟鬼"。

曾经有一次，他自己开车经过法国，当时恰逢天降大雨，他开了几个小时后，就在一家小城的旅馆过夜了。

晚饭过后，疲惫的他很快就进入了梦乡。

清晨四点钟，盖蒂就醒来了，很想抽一根烟。他打开灯之后，就习惯性地伸手去抓睡前放在桌子上的烟盒，然而，里面是空的。他就下了床，开始搜寻衣服口袋，毫无收获。他又心急地开始翻找各个行李箱，希望能发现一根烟，但是结果令他大失所望。

这个时候，旅馆附近的商店、餐厅、酒吧已经全部关门，他唯一能够得到香烟的办法就是穿上衣服，到离这里很远的车站去买。

越是想烟，他想抽烟的欲望就越大，有烟瘾的人都有这种体验。盖蒂就立即穿上衣服想出门，然而，就在他四处找雨衣的时候，就停住了。不禁问自己：我这是在干什么？

盖蒂就站在那儿不停地思索，一个所谓的高级知识分子，而且是一个相当成功的商人，一个自以为有足够的理智下命令的人，竟然要在三更半夜离开旅馆，冒着大雨走过几条街，仅仅为了得到一支香烟。这是一个什么样的坏习惯，这个坏习惯的力量强大得足够支配他当下的意识和行动。想到这里，盖蒂就下了狠心，把那个空烟盒揉成一团扔进了纸篓之中，脱下衣服回到了床上，带着一种轻松甚至是一种极为胜利的感觉，一会儿就进入了梦乡。

从此以后，保罗·盖蒂就再也没有抽过香烟。依照戒烟的方法，他也不断改掉了自己身上的很多坏习惯，使他的性格趋于更为完美，从此之后，他的事业越做越大，最终成为世界顶尖富豪之一。

我给大家讲这个故事，就是想告诉大家，一个懂得时刻约束自我坏习惯的人，是无敌的，那是一个人真正强大的标志。你们都是未来的领导者，你们现在如何被领导，将来也要如何去领导别人。诸位都知道工厂对抽烟者的规定，我希望大家也能做一个强者，学会自律。

查尔斯通过一个故事对那些违反规定的抽烟者进行了教育，顺利解决了管理难题，可谓高明。

毕业于某所科技学院的张奎，刚被一家科技公司录用。进入新单位后，他发现自己周围的同事都是40多岁的中年人，经验虽然比自己丰富，但是头脑却没有那么灵活，对电脑也都不太精通。张奎很是兴奋，认为自己以后可以在单位里大展拳脚了。于是，他不断地在同事中卖弄自己的才能。

"哎呀！电脑怎么能这么用呢？我来告诉你……""这方面你必须听我的，这可是我的强项呀！"……他经常在办公室里对其他同事指手画脚。他的这种高傲的态度，遭到了所有同事的反感，有的同事索性将他的为人告诉了老板。

面对这样的员工，老板觉得很棘手，因为张奎是有能力的人，如果直接提醒他做人要低调，那一定会伤了他的自尊。思来想去，老板决定用一个故事来启示他。

这一天，他将张奎叫到办公室，开始了这样的对话：

"小张，我今天叫你来也没事，就是想和你闲聊聊。先问你一下，你平时读书吗？"

张奎笑着回答说："当然读了，我自小就爱看书，从名著到各种流行小说，看了不少呢？"

看他如此骄傲，老板笑而不语，只是点头。便又问道："我最近也在读一本书，书上写了一个梅兰芳的故事，让我记忆深刻。说的是京剧大师梅兰芳，他不仅在京剧艺术上有很深的造诣，而且还是丹青妙手。他拜名画家齐白石为师，虚心求教，总是执弟子之礼，经常为白石老人磨墨铺纸，全不因为自己是位名演员而自傲。

"有一次齐白石和梅兰芳同到一家人家做客，白石老人先到，他布衣布鞋，其他宾朋皆社会名流或西装革履或长袍马褂，齐白石显得有些寒酸，没有引起别人注意。不久，梅兰芳来到，主人高兴相迎，其余宾客也都蜂拥而上，一一同他握手。可梅兰芳知道齐白石也来赴宴，便四下环顾，寻找老师。忽然，他看到了冷落在一旁的白石老人，他就避开别人一只只伸过来的手，挤出人群向齐白石恭恭敬敬地叫了一声"老师"，向他致意问安。在座的人见状很惊讶，齐白石深受感动。几天后特向梅兰芳馈赠《雪中送炭图》并题诗道：

记得前朝享太平，布衣尊贵动公卿。

如今沦落长安市，幸有梅郎识姓名。

"梅兰芳不仅拜画家为师，他也拜普通人为师。有一次他在演出京剧《杀惜》时，在众多喝彩叫好声中，他听到有个老年观众说'不好'。梅兰芳来不及卸妆更衣就用专车把这位老人接到家中，恭恭敬敬地对老人说：'说我不好的人，是我的老师。先生说我不好，必有高见，定请赐教，学生决心亡羊补牢。'老人指出：'阎惜姣上楼和下楼的台步，按梨园规定，应是上七下八，博士为何八上八下？'梅兰芳恍然大悟，连声称谢。以后梅兰芳经常请这位老先生看他演戏，请他指正，称他'老师'。梅兰芳艺术造诣如此之高，竟然还能如此谦虚、低调，我们身为平民百姓，是否在生活中为人做事也能低调、谦虚一些呢！尤其是面对那些资历比我们老的员工，我们是否该对他们表示尊重呢！"

听了这样的话，张奎低下了头，他意识到了自己平时做事太过张狂，于是便下定决心开始注意自己的一言一行。

在现实中，每个人都有自尊心，即便是犯了错误的人亦是如此。如果下属真的在某些方面犯了错误，领导者在批评的时候，要考虑到对方的自尊心，切不可随意地加以指责或者大发雷霆。高明的管理者，都以平和的态度"润物细无声"，达到批评教育的目的。最好的方法自然就是借用故事去启发，让他自觉改正自身的错误行为。管理者在运用故事法引导下属认识到自身错误时，需要注意以下两点：

1. 语气缓和，态度和善

我们知道，忠告是为对方着想，为对方好也是你说话的根本点。因此，想让对方明白你的一番好意，就必须要注意自身的语气与态度。规劝时态度一定要尽力地做到诚恳、委婉，语气不能太强硬，用语不能太激烈。否则，员工会觉得你在教训他而对你产生反感的情绪。

2. 推心置腹，良言入心

我们在向员工提出批评或忠告时，肺腑良言固然是重要的，但将良言置于朋友的腹中更为重要，良言入心才能产生一定的效应。

范雎是战国时期秦国著名的丞相，但是，在晚年的时候，却因为其亲将郑安平降赵、亲信王稽与诸侯私通而失宠，地位岌岌可危。于是，就借病退避，闲居家中，不肯上朝。就在范雎进退维谷之时，燕人蔡泽来到秦国规劝范雎放弃丞相之位。

消息传开后，范雎对蔡泽极为反感，并埋怨道："百家之说，吾莫不通；众口之辩，遇我而屈。小小蔡泽，竟敢胆大包天，口出狂言，即使秦王也莫想夺我相印。"蔡泽听到此话，虽知道范雎对他非常反感，但还是冒死拜见，并推心置腹地向他讲了番道理。

他向范雎列举了许多古代名相不能审时度势，及时让位隐退，结果招致杀身之祸的事例，并耐心地劝导范雎一定要认识到在盛名之下，得势之时，主动交出相印的好处。同时还用比喻的方法，进行劝说："翠鹄和犀象是两种生命力很强的动物，为什么又往往早死，是因为它们惑于贪饵。一个人千万不能过于贪图功名，只顾眼前。"

蔡泽这样有力的说理，善意的劝告，终于消除了范雎的误解和抵触，并将相印交出，最终免于杀身之祸。

推心置腹，可以使一时本来敌对的人变成至爱亲朋，使本来隔阂极深的人成为知己，使相逢初始的人一见如故。所以，我们在规劝员工时，一定要推心置腹，将自己的心置于对方的腹中，使对方真切地感受到你的善意与关心，这样才能起到应有的劝说效果。

第三章

带好团队：
一个好故事，足以塑造一个好团队

　　每位领导者都是有故事的人，但并不是每个人都擅长讲故事，都懂得故事本身蕴含的巨大力量。相较于令人昏昏欲睡的KPI数据和各种假大空的职场套话，如果能讲述一个有声有色、鼓舞人心的好故事，不仅能建立团队信任，更能激发员工强大的潜力。

　　世界上所有杰出的领导者，都是讲故事的好手！

　　企业文化就可以通过故事去传播，挖掘企业中的"明星"和原创故事，形成传播效应，激发企业员工、客户以及他们的家人、朋友乃至其他的相关人群去点赞、转发，常能事半功倍。

好的领导者都是"造梦大师"：讲好愿景故事有诀窍

在管理学中，所谓的领导力是指管理者让员工在拥有"梦想"并明确个人近期目标的前提下，激发其不断积极工作的意识，更好地发掘并发挥员工自身的潜力，并且聚拢他们的凝聚力。身为领导者要提升自己的领导力，就要懂得为员工们"造梦"，即你必须充当一个"造梦人师"的角色。所说的"造梦"，即是在员工面前做好愿景规划。

要做好这个愿景规划，我们在第一章中已经讲过，与展示数据相比，讲故事更能激发员工的潜力和工作积极性，也更能使员工信服。

要讲好一个公司愿景的故事，需要方法和技巧，对此，你只需要关注传达室大爷常问的几个问题就可以了。

1. 你是谁？

2. 你在干什么？

3. 你要去哪儿？

4. 你打算怎么去？

领导力大师沃伦·本尼斯讲过："领导者扮演着剧作家、制片人和导演的多重角色。"而马云无疑是这几种角色兼顾且最为成功的企业家之一。阿里巴巴从创建之初，马云便围绕着"帮助小企业"这个思想开始讲故事，一路回顾他的创业经历和心得一边向人讲故事，一直讲到阿里巴巴上市为止。尽管马云和阿里巴巴在中国家喻户晓，但大多数美国人包括投资人对他和阿里却不甚了解，所以在上市宣传片里讲一个怎样的故事，如何讲这个故事，对那些潜在的投资者和阿里的员工都意义非凡。其实，对马云的故事进行分解，便能发现，他就是围绕以下的这几个问题展开的：

1. 我是谁？

他是这样开始的："大家好，我是马云，阿里巴巴集团的创始人和董事会主席。15年前，在我的公寓里，18位创始人有了一个梦。这个梦想就是，在某一天我们能够创立一个为成千上万小企业主服务的公司。让天下没有难做的生意。这个梦想，从始至终都没有改变。

在阿里巴巴，我们为一些小的生意人奋斗，和他们的客户在不懈地努力。其实，我们的目标非常简单：能够帮助商家和客户找到彼此，并按照他们独特的需求来开展服务。我们帮助这些小生意人成长，创造出前所未有的工作机会，开拓出崭新的市场。"

这个小故事道出了马云的角色，阿里的奋斗史，阿里的价值观，阿里的合伙人制度，更重要的是道出了阿里的愿景和使命：它存在的意义，为谁服务，提供什么样的服务？

2. 我来干吗？

"如今，15年过去了。我们在中国已经成了一个家喻户晓的名字。现在，我们也已经准备好让全世界来认识我们。"

这段故事单刀直入，我们今天来就是让你们为我们做的事儿买单的！这句"让全世界来认识我们"只是一种委婉的说法，也表明了企业要走向世界的决心。

3. 我们要去哪儿？即"未来我们要干什么？"

"阿里巴巴已经走过了一段不短的旅程，要让阿里巴巴成为一家持续发展102年的企业，还有87年的时间需要我们去努力。我们深知，今天很不易，明天更加困难，但是未来还是无限美好的。因此，我们必须要更加地努力，才能够在未来的漫漫征程中赢得胜利。"

这段话很简单，阿里要成为一家百年老店并且将为此目标而努力。

但背后还有一层意思，那就是阿里巴巴要做一家百年老店，便意味着会注重更高的质量标准和极高的道德标准。这种说法很容易会让人信服。

4. 我们打算怎么去？

"稍后，您将听到我们公司商业经营上的细节。不过，首先让我带您开启一段走遍中国的旅程，让我们透过一些真实的人们以及他们的真实感受，看看阿里巴巴对他们产生了怎样的影响。"

这一段是故事中套故事，也是极为常见的手法。之所以拿真人真事作为例子，目的是让观众产生情感联结。同时通过分享以往的成功案例帮助观众透过过去的成功预测未来的精彩。

马云通过简短的一个故事，向投资者和内部的员工传达了一些能深入人心的信息，让人真正认识和永远记住了阿里巴巴，记住了马云的创业故事。

从认知的角度分析，叙述是人类认知构成中的一项最为基本的要素。正如语言认知家马克·特纳所言："讲故事作为一种叙事性的想象是我们形成思想的最基本的方法。人的推理能力的培养也是以它为基础的，它还是我们展望未来、预测、规划和解释的主要方法。"身为一个管理者，向你的投资人、合作伙伴或员工展望未来，预测、规划和描绘一个更为光明的、可实现的宏伟蓝图，不正是最为重要的管理工作之一吗？所以，没有故事力的管理者算不上一个好的管理者！为此，要想做好你的管理工作，做一个合格的领导者，必须要先学会讲故事！

用最恰当的故事，激发出积极向上的团队精神

一个强大的团队，是需要精神的激励和塑造的。在现实中，有的管理者可能认为，一个能执行领导者意图和战略的团队，才算得上是好的团队。"只要执行力高，能出效益，就是好团队！"这是很多管理者的心声。将员工视为自己的奴隶，而不是公司的主人，是一种隐藏在领导者内心深处的隐讳秘密。这是对管理粗浅而粗暴的理解。这样的管理者，尽管拥有不菲的资产，但一旦失败，即使他有一群实力强大的手下，也很难东山再起。

一个强大的团队能够创造极高的效益，但这个团队必须拥有共同的文化和信念目标，即管理者一定要为团队灌输强大的精神理念。这种精神理念要保证团队成员在方向上保持一致，并拥有共同的精神气质，这是可以成功地带领团队实现伟大理想的基本前提。毫无疑问，几乎所有的管理者都想用最忠诚的文化和最强有力的信念来武装自己的团队。但能做到的却很少，原因在于，他们多数人只想着给员工设定计划、下达任务，展示战略发展，却并没有给他们讲明，你为何要这样做！

当你在给团队成员讲解"我们为何要这样做"时，最主要的便是借助故事的力量。管理学家安妮特·西蒙斯说过："人们不想要更多的信息，他们通过眼球选择他们看到的信息。他们需要信仰：对你、对你的目标、你的成功和你讲的故事的信仰。既定的事实无法形成信任，信任需要故事来维系它，一个有意义的故事能够激发人们对你的信任，希望你的建议确实能实现你的承诺，听众会重新燃起对你的希望。"马云就是借助故事的力量塑造团队精神的典范。

马云每当在谈及阿里巴巴的团队建设时，语气中总是透着几分执着和肯定。在马云的心中，只有树立良好的团队精神才是团队共创业绩的关键，而不是取决于单个的人究竟有没有能力。马云的这番话底气十足，显示出他独特的管理理念。下面是马云要求对客户实施的"271 战略"。

"刚刚提出电子商务是一个过程，是以商务为目的，电子商务是一个可以用来经营你的企业和业务的工具和手段。我们现在实行内部 271 战略。20％是优秀员工，70％是不错的员工，10％的员工必须被淘汰掉。我对客户也实行 271 战略，有 10％的客户是每年一定要淘汰掉的。比如说我是医生，你是病人，你来看病，药买回去，往家里面一放，不吃药我也没有办法。

"我经常在企业跟员工交流一个故事，这是我对企业的了解。杭州有一个很出名的饭店，6 年前我到过这个饭店，这个饭店还没有几张桌子，我点好菜后在那儿等，等了 5 分钟经理来了，说：'先生，你的菜重新点吧。'我问怎么了，他说：'你的菜点错了，你点了四个汤一个菜。你回去的时候，一定说饭店不好，实际上是你的菜点得不好，我们有很多好菜，应该点四个菜一个汤。'我觉得这个饭店很有意思，能时时为客人着想，不会像其他商家看见有客人来，就说龙虾如何，甲鱼也不错。他会对你讲没必要这样，两个人这样就够了，不够再点。你感觉到他在为客户着想，客户成功了，他才会成功；如果客户不成功，那是你不成功。"

在谈及自己制定的战略计划时，马云不仅理由充分，而且还表现得十分自信。通过列举自己所遭遇的经历，向外界陈述自己制定此计划的原因，让大家看到了一个底气十足、自信满满的马云，从而让更多的人去理解和肯定他的计划。

团队的文化和信仰，要建立在共同目标的基础之上。一个团队的良性文化不能依靠优厚的待遇去实现，而是每一位员工都应该知道或看到老板或其他同事的工作计划。这样，他能够知道公司是否完成了目标。如此一来，不仅有利于员工明确公司的方向，更可作为在年终时大家相互进行考评的重要依据。

鉴于此，身为管理者，你需要针对自己的实际情况，冷静地评估和判断本部门或本公司的发展状态，推出切实的举措，并让员工真正地心悦诚服。这样便可以形成一种强大的团队荣誉，在此基础上制定每个人都能够接受的团队目标，并与公司的利益完美地融合在一起。

团队成员能说出你们公司的战略和使命吗

在现实管理中，很多管理者尤其是服务型企业的领导都有这样的苦恼：我们在会议上无数次地强调公司的战略和使命，但员工却一条也没有记住。每当我们向团队成员提问此类的问题，对方的第一反应就是去翻笔记或者在电脑中四处搜寻此类的会议纪要。的确，对于每个团队成员来讲，公司战略或使命都是非常大而空的抽象理论，如果不死记硬背，很难将之印入脑海中。这个时候，身为管理者，如果你能尝试用讲故事的方法，将公司的战略或使命合理地融入故事中，然后绘声绘色地讲给你的员工，那么，当你再次提问他们，一定会收到出乎你意料的惊喜。因为与道理相比，故事总能给人留下深刻的印象，并且在故事中穿插大而空的理论，总能让人在不知不觉中欣然接纳。

马云在向他的员工传递公司使命感时，就是采用讲故事的形式：

"2003 年，我们阿里巴巴在 B2B 领域发展已经很好了。怎么走下去，我很迷茫。当你站在第一的位置上，往往不知道该往哪里走，因为第二、第三可以跟着第一走，但是第一没有参照。那时我凭什么做出一系列决定？就是凭着使命感。

"爱迪生企业的使命是什么？Light to world（让全世界亮起来），从企业 CEO 到门卫，大家都知道要将自己的灯泡做亮、做好，结果现在'打遍天下无敌手'。迪士尼公司的使命是 Make the world happy（让世界快乐起来），所以迪士尼所有东西都是令人开开心心的，拍的戏也都是喜剧，招的人也全是快乐的人。

"另外一家公司 TOYOTA（丰田），它的服务让全世界都懂得尊重。有一个广为人知的故事，在芝加哥的一个大雨天，路上一辆 TOYOTA 车子的雨刮器突然坏掉了，司机傻在那里，不知道怎么办。突然从雨中冲出一个老人，趴到车上去修雨刮器。司机问他是谁，他说他是丰田公司的退休工人，看见他们公司的产品坏在这边，他觉得自己有义务把它修好！这就是强大的使命感和企业文化，使得每个员工将公司的事当成自己的事情。只有在这样的使命感的驱动下，才会诞生今天的迪士尼、今天的丰田。

"我们阿里巴巴的使命是：'让天下没有难做的生意。'我们做任何事情都是围绕这个目标，任何违背这个使命感的事情我们都不要做。所以有人会很奇怪地问我们：'你们凭什么作出这样一个决定啊？'我说：'凭我们的使命感。'我们推出一个产品，首先要考虑的是这个产品是否有利于生意。"

阿里巴巴的使命就是让天下没有难做的生意，那是阿里巴巴人的使命，也是马云的使命。马云将这番道理，通过几个小故事娓娓道来，让人听上去不仅没有"硬"的感觉，而且还增添了几分亲和力和责任感，让人乐于接受的同时，还受到了教育。

在美国博思艾伦咨询公司的总部有一尊雕塑，雕塑不是别的，而是一件冰冻的西服。每一位新入职的员工看到这尊雕塑都会请教老员工，这尊雕塑代表着什么？有什么意义？对此，每个新员工都会听到与这件西服密切相关的故事。

20世纪70年代，博思艾伦咨询公司驻纽约的一名总监接到了一家瑞士银行客户的董事长打来的紧急电话，要求他第二天一早到达瑞士，为这家银行的董事会做报告。总监连夜飞往欧洲，赶到酒店时已经相当地疲惫。就在他走进酒店大厅的时候，他发现自己的西装皱得非常厉害，这样子肯定不适合出现在这么重要的会议场合。

可是，他只带了这一套西装。他突然想起来，有人曾经告诉过他一个消除西装皱褶的小窍门：打开洗手间的热水龙头，将西装挂在里面，用水汽去蒸。这么做之后，总监决定上床休息，并且很快便睡着了。然而，等他醒来的时候，他的西装已经完全湿透了。现在距离会议还有几个小时，而且外面是大晴天，于是他就将西装挂在外面，希望能够晾干。

然而不幸的是，当时室外温度还处于零下，等他又睡了一觉醒来的时候，他发现西装已经冻住了。不知道用了什么方法，他终究是把这身吱嘎作响的衣服穿了上去，然后赶往银行，开始了他的报告。在报告当中，董事长突然打断了他，因为他再也按捺不住自己的好奇心了。

原来，在温暖的会议室中，西装上的冰开始慢慢地溶解，终于在众目睽睽之下化成了一摊水。总监讲述了事情的原委，惹得众人都笑了起来。他的报告成功了：他用行动证实了，来自博思艾伦公司的管理咨询师使命必达，哪怕是困难重重。

博思艾伦公司通过一个经典的故事，向员工传达了其公司的服务理念和使命：无论在任何情况下，都要学会克服困难，完成一个咨询人员应该承担的使命。这给人留下了极深的印象。

肖恩·卡拉汉在其著作中提及了一个关于记忆的实验，实验结果表明，将同一组单词编进故事中所达到的记忆数量是没有使用故事的6～7倍。记忆冠军们将这种编故事的记忆法用到了极致：目前，使用这种方法记忆52张扑克牌的世界纪录是20.44秒。换言之，与那些枯燥的理论知识相比，故事更容易让人记住，所以，在管理中，你想让你的团队成员记住公司的战略或使命，那就学着将这些理论融入到故事中去吧，这样，你就不用担心，员工会因为记不住公司战略或使命，而做出一些出格的行为了。

讲感恩故事，让团队中的"消极因子"烟消云散

"团队中最近总是弥漫着消极因子，许多员工总是抱怨工作太累、压力太大，任务完不成！还有的在抱怨工资太低，干起活来太没动力！"实际上，很多管理者，都会遇到这类的管理难题。这种消极氛围是造成企业工作效率低下的重要原因，这就需要团队管理者发挥管理能力，通过一定的激励方法，去激发他们的工作热情。

现实中，那些有能力的管理者不仅善于激励下属，而且还善于寻求特别的、低成本的激励方法，比如讲故事，那讲什么样的故事能激发下属的积极性，让消极因子烟消云散呢？

迈克尔是某科技公司新调来的培训主任，他受公司董事长的委派，要对公司的IT部门进行一次演讲，这家公司最近几年效益甚差，主要是公司内部的技术人员情绪低落，丝毫没有上进心。

针对这种情况，在培训会上，迈克尔给他们讲了一个平淡的故事：

"在今天培训课开始前，我想给大家讲一个故事。故事的主角是在相邻的两座山上居住的两位行者，一个叫"一休"，一个叫"二休"。这两座山上都没有水，两个人都要到山下面的一条小溪中去挑水，因为经常遇到，所以很快就成了好朋友。

就这样，五年过去了。有一天，二休像往常一样到小溪中去挑水，发现一休竟然没有出现。二休想，一休大概是睡过头了。第二天，二休再去挑水，还是没有见到一休。就这样，一周过去了，一个月过去了，一休仍旧没出现。二休很担心，心想："我的朋友可能生病了，我要去拜访他，看能不能帮上忙。"

当他上山找到一休所在的房子，却发现一休和尚正在屋里打坐冥想，而且精神焕发，一点都不像生病的样子。他吃惊地问："一休，你已经一个月没有下山挑水了，为何你还有水喝呢？"一休笑着带他到后院，指着一口井说："这五年来，我每天挑完水后，都会利用零碎时间来挖井，即便有时候很忙，也总会坚持挖一点儿。现在我已经挖好一口井，井水源源不断地涌出，从今以后我再也不用下山挑水了！我还可以省下许多时间来做我自己喜欢做的事情，比如打坐，冥想等！"

因此，一休从此不再辛苦劳累花费时间去挑水了，而二休却依然每天都要下山，不能休息。

其实，在我们公司，也存在这两种员工：挑水喝的人和挖井的人。两者的区别在于其眼界的不同。前者认为工作是为老板，于是当一天和尚撞一天钟，每天都以"挑水者"的心态应对工作，而挖井人则把工作真实地当成个人的事业去奋斗，于是他们会积极主动，用智慧的头脑，勤劳的双手去挖一口属于自己的"财富"之井，让自己受用一生。

"挑水喝"的员工因为觉得自己在给别人打工，所以，对工作总会消极应付。他们总喜欢与其他人比工资高低，若比别人高就会沾沾自喜，若不如别人就牢骚满腹。而挖井的员工，则总是和别人比谁在工作中学到的东西更多，他们看重的是个人经验的积累，看重的是企业能否为自己提供更为广阔的施展才华的平台，以及自己能否在这个平台上将个人的能力发挥到极致。

我的故事讲完了，大家可以针对自身的情况，想想自己究竟是属于"挑水喝"的员工还是"挖井"式的员工。大家可以把对自我的评价写成一个小纸条，逐个地交上来。"

这个故事讲完后，现场陷入了一片沉寂的状态，显然，每个员工都在反思自己的工作行为。这时，迈克尔也意识到，他的这个故事对员工起到了激励作用。

迈克尔并没有直接灌输员工要努力工作的观念，而是先从两位行者的举动，让员工来反思自我的行为，起到了极好的激励效果。可以预见，自此之后，那些总是牢骚满腹、抱怨不止的员工，一定会逐步地认识到自己的狭窄，从而改变自己的行为。

具体来讲，管理者在为下属和员工讲述感恩故事时，应注意下述问题。

1. 故事要贴近生活

所讲的故事，最好让员工感觉到就发生在自己身边，即选择那些贴近员工生活的故事，这样才能真正激励到他们，如果你总是以名人故事来说教，势必会引起员工的逆反心理：那些人本身那么聪明，他的故事跟我有什么关系。总而言之，那些不接地气的故事很难引发员工的情感共鸣。

2. 尽量使用鼓励性的语言

很多时候，员工就像课堂中的学生，对他们要多使用积极性的鼓励语言。诸如"你很不错""这件事办得不错""你想得很周到"等类似的积极性语言。如此才能激发员工的热情，才能激励他们继续努力。

同样，在向他们讲述此类故事时，管理者不需要一味地讲故事，要先学会肯定下属，要做到此时无声胜有声，即便员工真的工作积极性差，但要先肯定对方的努力，如果你忽视了员工的努力，那只会引起他们的反感或带来沮丧情绪。

3. 运用有感染力的语言

故事能对人起作用，主要在于其有强烈的感染力，一个感染力强的故事，能达到良好的效果。如若你讲的故事平淡无奇，毫无新意，没人愿意听，大家都会在私下里议论：真没水平。

所以，管理者在讲故事的时候，要善于运用富有感染力的语言来提升故事的激励效果，你或用慷慨激昂的感召，或用富有哲理的评议，或用激励的语言，扣人心弦，励人斗志，激起员工的热情，增强员工的信心。

消除"内斗"，你该尝试这样的方法去化解

团队是一个整体，内部成员因为个人利益或做事风格的迥异，争斗也在所难免。因此，内部消耗便成为影响团队凝聚力和创造效益的主要阻碍。对于管理者来说，如何消除"内斗"，化解纷争，是一门学问。

马云曾经说过："如何让每一个人的才华真正地发挥作用？这就像拉车，如果有的人往这儿拉，有的人往那儿拉，自己内部会先乱掉。我在公司的作用就像是水泥，把许多优秀的人才黏合起来，让他们力气往

一个地方使。"在很多时候，管理者在团队中扮演的是黏合剂的作用，是整个团队成员的精神领袖，他要及时消除不愉快和摩擦，让成员能够同心协力。

如何才能扮演好"黏合剂"的角色，与那些枯燥的说教和陈词滥调的训斥相比起来，说故事便显得更有效。

在 2003 年 3 月，阿里巴巴搬入华星大厦后，公司内部也曾经有过一场不小的风波。随着办公环境的不断扩大，公司步入正规化，为了便于管理，马云提升孙彤宇、张英和彭蕾为部门经理。由于缺少沟通，"十八罗汉"之间出现了隔阂。

一天，一封由楼文胜执笔、大家作补充的长信摆在了马云的办公桌上，表达了对孙彤宇等人的不满。对此，马云召开了一次会议，从晚上9 点多一直到第二天凌晨 5 点多，会议结束时，马云对他们说：

"其实现在很关键。6080 人要分部门，这时就会有人当官，会发生政治斗争。以后阿里巴巴有几万人了怎么办？你们要学会欣赏对方，山外有山。你们现在无谓地吵来吵去，等于是在浪费时间。将来阿里巴巴做大了，你们有人在杭州、有人在上海，有人在欧洲，有人在美洲，想见一面谈何容易？"

马云通过对未来的展望，让部门人员意识到相处和共事的可贵，使他们珍惜相互间的情谊，显然起到了良好的沟通效果。

现实中，我们总是在探讨如何做才算是一个好的领导人。实际上，从管理学的角度分析，一个好的领导人必须依靠自身的品格和智慧的力量，不断地激励众人朝着组织的目标奋勇前进。因此，艺术地消除团队成员之间的矛盾和隔阂，考验的是领导者自身的影响力和智慧。

刘晓是一家金融公司信贷部的主管。最近，她所在的部门内部员工，因为相互争抢一项大业务，出现了相互诋毁的事情。刘晓并没将此事放在心上，在接下来的一个月内，她发现团队成员之间的内耗越来越严重，员工之间的配合也没有那么默契了。

对此，刘晓想出了一个加强团队成员向心力的办法，那就是每天花费 30 分钟时间，给部门员工讲故事：

我记得小刘刚进公司那会儿，电脑操作还不熟练，坐在她隔壁的小杨悉心地、不厌其烦地一遍遍地指导和提醒她，才勉强通过了公司的试用期；今年年初，陈丽被房东赶出来，一时没地方去，我听说好像是热心的小兰让她暂时搬到她那里去住，随后又尽力地帮忙为她找了一个住处；我记得那一年小赵胃病，病得很厉害，是小张将他送进了医院，并在每天下午下班后抽时间去看他……

就这样，这个"活动"持续了近一周的时间。她认为，在这件事情上花"30 分钟左右"的时间不是在浪费时间，反而是加强员工向心力的有利投资。当然，这些小故事都得益于她平时的所见所闻以及与员工的交流。

大概持续了五天后，她发现属下员工相互之间的怨气渐渐消除了，相互间的责难、埋怨声逐渐听不到了，成员的凝聚力明显地得以改善。

公司中的员工，每一天，都在与同事打交道，都会被同事间一些细小的帮助、体贴的关怀甚至一个微笑而感动和鼓舞。身为一个管理者，你的工作之一应当是找到并且分享这样细小的感动，并将大多数人通常看不到的东西呈现出来。只要你把这样的故事讲给下属听，他们就能够强烈地感受到，你在关心他们的工作，即便是与某个同事发生了一些不愉快，也是因为误会，因为他本人是热心肠的人。

要想获得这样的故事，除了平时观察外，你还可向公司内部的员工们求助，让他们简单描述自己工作或生活中遇到困难时，哪些热心的同事会帮助他们解决这些事情。这些故事就可以在总结会上被分享出来。

与专门开会分析项目的进展状况相比，这么做能让你更好地把握团队的战斗力和项目的运行状况。

在任何组织和企业中，作为一名好的管理者必须具有处理和协调员工之间问题和纷争的能力，这是最基本的能力要求。正确处理员工之间的人际关系，形成相互合作、相互支持的良性发展，齐心协力打造一个高绩效的团队。

将故事"移植"到员工的头脑中

在现实的管理工作中，当我们试图去说服别人时，却会遭到很多人内心的"抗议"：我这么做，自有我的道理，你凭什么对我指手划脚；你越是约束我，我越是要反抗你……的确，身为管理者，我们没有权利去强硬地要求下属，也不可能预料到，员工究竟是表面顺服，还是真正地心服口服。他们今后真的会按照我的要求去做吗？他们真的会接受公司制度的约束吗？

德鲁克在《管理的本质》中曾提及一句话："管理的本质，其实就是激发和释放人本身固有的潜能，创造价值。当然，要激发和释放员工的潜能，最重要的就是'让员工不断地听你的'。"他道出了许多管理者在管理工作中的难题：如何才能让员工不断听自己的？制度约束和僵硬的说教，显然不能达到这一管理目的。因为这两种管理方式，很多时候只会激发员工的反感，很容易让他们产生逆反心理。而故事则可以解决这一难题。安妮特·西蒙斯在《故事思维》中提及：故事可以在人的头脑中安置一款"思维软件"，使被说服者再次遇到类似的情况时，自然会启动这款软件。正如你会告诉孩子不要闯红灯，但是这种说教，并不能让孩子记住。你可以给他讲"小熊闯红灯造成人生惨剧"的小故事，于是，孩子每次在过马路的时候，便会重启这个故事，让他不敢轻易去闯红灯。在现实管理中，我们也可以通过给员工讲个好听的故事，并让他们将这个故事"移植"到头脑中，从而听从你的教导。

吉姆是洛杉矶一家快餐店的老板，最近他经常听到一个叫杰瑞的员工抱怨工作累。显然，在吉姆心中，杰瑞已经成为整个团队的"消极分子"，他的消极已经传染给了其他员工，让很多平时表现不错的员工也不时地抱怨工作太过劳累。

吉姆想改变团队成员的这种消极状态。第二天早上，他召集全体员工开会，一开始便向杰瑞问道："亲爱的杰瑞先生，我记得你刚来这里工作的时候，每天都是开心满满的，那个时候，你每天做的工作比现在要多，可是你总是表现得很快乐。后来，我见你工作辛苦，让另一个新同事班杰明接替了你的部分工作，可自那以后，你的脸上却再也没呈现出笑容来。你的这种表现，让我想起了一个小故事：

那一年，一个很热的夏天，我和一群朋友去漂流。

一位女孩的拖鞋在玩水的时候掉下去沉底了。

当我们回到岸边的时候，岸边都是晒得很烫的鹅卵石，他们还要走很长的一段路。

于是，那位女孩就向大家寻求帮助，可是谁都只有一双拖鞋。

女孩心里很不爽，因为她习惯了向别人求助，习惯了只要撒娇就会得到满意地答复。

可是这次却没有。她忽然觉得这些人都见死不救。

后来，有一个男孩将自己的拖鞋让给了她，然后自己赤脚在晒得滚烫的鹅卵石上走了很久的路。女孩表示感谢，男孩说，你要记住，没有谁是必须要帮你的。帮你是出于交情，不帮你是应该。很多时候，我们内心产生的抱怨，并不是因为你真的受到了"不公平"的待遇，而是因为你习惯了别人对你的体谅，自此以后便认为别人对你好都是理所应当的。假如别人有一天不再体谅你了，你便觉得自己受到了不公的待遇。"

这个故事讲完后，大家都低下了头，尤其是杰瑞，将头埋得很低。显然，他已经完全意识到了自己的错误。自那以后，杰瑞便再也没有发过牢骚。

在以后的岁月中，吉姆老板的话不时在杰瑞的脑中回放，指引他做出明智的选择。随后，他也给自己身边总爱抱怨的朋友讲了这个故事，以期帮助他们消除消极的情绪。

这个事例也说明，故事比单纯的制度约束和人为强硬地说服要灵活很多。它能平息员工心中的愤怒，消弭员工之间的矛盾；同时又能使一个亢奋的员工变得冷静下来，让固执己见的人改变原有的风格，变得更加谦恭和内敛。故事不会告诉人如何去做，但是当人们在做选择的时候，故事可以有效地影响人们的想法。

在现实管理中，我们无法保证所有的事情都会按照我们所预想的进行。但是故事在多数时候，比起告诉员工"你该这样去想，你该这样去做事情"显然有用很多。故事，就像你在一个人的心里放置的计算机软件一样，它可以根据自己的输入，选择如何运用这款软件。故事会一次又一次地对规范人的行为发挥作用，并可以确保你想影响的人，对他们的新选择感到满意和知足。

选一个好故事，改善糟糕的团队文化

提及"企业文化"，许多管理者可能对它的概念理解有些模糊不清，觉得只有公司做大了，才会去考虑发展企业文化。其实不然，每个公司只要存在，其内部在无形中就已经形成了"企业文化"，它是一种无形的力量，制约着企业的发展。简而言之，所谓"企业文化"就是一个公司的工作氛围，具体指"这个公司的人就是这样做事的。"好的企业，有良好的文化做支撑，而那些利润低下、业绩不佳的公司，一定有十分落后和糟糕的企业文化在起作用。

良好的企业文化，给人的最直接感受是，初到一个公司，你能够感受到一种紧张有序的工作氛围，那里的工作人员充满紧迫感，并且做事井井有条。相反，糟糕的企业文化，会让你看到环境杂乱无章，工作人员缺少激情和紧迫感，现场管理惨不忍睹。在这样的文化氛围中，员工的工作状态和执行力都会受到影响。身为管理者，这时候就需要采用有效的办法改善团队的文化。严厉的说教、训斥，或者大费周章地改进和实施奖惩制度，都不如给员工讲一个好故事来得实在、有效。

最近，刘青因为团队成员工作干劲的锐减着实头疼。他在北京一家大型化学科技公司担任总工程师，主要负责研制一种环保型的化工原料。为了能尽快地完成工作任务，刘青带领他的团队夜以继日地辛苦奋战了两年多，始终没能见到成效。因为公司在这个项目上投入了大量的研发经费，到现在还没见到成效，公司的股东们已经沉不住气了，有的甚至提出撤资放弃这个项目。这个消息让刘青的团队士气低落，毫无刚开始时的意气风发、刻苦钻研的劲头了。如何改变这种消极的团队文化，刘青决定尝试给他们讲一个真实的故事。

15年前，我刚来到这家公司的时候，还是一个毛头小伙子。那时的我意气风发，在公司中也负责一个重要的科研项目。我和科研队的4个年轻人，苦干了3年，都没有成果。当时的公司还没有强大的实力，因为公司在技术上无法与同类的国外产品竞争，公司面临着倒闭的风险。当时，我也曾遇到如今的情境，公司的几位股东，强烈要求另请一支外国团队来接替我的团队。但是，这项决定遭到了公司董事长范先生的强烈反对，他坚决不同意临阵换将的做法。为了力排众议，范先生特意召开了董事会，在会上，他肯定了我们几个年轻人的努力，并当场要求董事们"要像支持我一样支持刘青博士的工作，在紧急关头，千万不要挫减他的锐气"。

当时我们几个年轻人听到董事长的话后，都激动得热泪盈眶，于是，研发团队的几位年轻人当众表态："范先生至诚相待、相濡以沫的精神令人终生难忘，今日只有一意死拼，以报范公之诚。"也正是因为范先生的信任与支持，大伙更加地努力，六个月后，终于攻克了当时的项目，并且研发出来的技术在国际博览会上一举夺魁，挽救了面临倒闭危险的永利厂，同时也为祖国赢得了荣誉。

今天，我们的辛苦也面临着被付诸东流的风险，但是，今天的范先生已经表态，依然会站在我们身边，无论发生什么，都会无条件地支持我们，我们如今这种低沉的状态，如何对得起范先生对我们的信任呢？

刘青话刚说完，团队中的其他成员都沉默地低下了头。在接下来的时间里，大家无视公司中的各种流言，又开始埋头苦干了。看到科研所里大家忙碌的样子，刘青终于感到踏实了，他坚信，下一个奇迹即将发生。

刘青通过讲述一个自己经历的故事，激发了团队的敬业精神，改变了团队死气沉沉的消极风气，激发了行动力。相对于道理而言，故事能在最大程度上清晰而且顺畅地传达自己的想法。要激发你的团队激情，必须要讲出一个恰到好处的故事。一般而言，一个好故事，主要有以下几个特征：

1. 它有极强的画面感。刘青讲出的故事，就有着极强的画面感，我们仿佛能看到董事长范先生那力排众议的动作和语气。好故事是生动形象的，它能将人物的动作、语气全部都呈现出来。听者就能知道，要达成类似的结果该如何去做。

2. 好故事永远是人的行为指南，它能告诉我们哪些有用的行为是可以被模仿的，而模仿是人类的天性。当刘青讲出当年遇到的困境和受到的激励时，团队成员自然而然就想到了当下的情境。

3. 好故事能引发人的情感共鸣。当刘青讲到这个故事的时候，那些情绪低落的团队成员会立即想到：我没有在最困难的时候选择坚持，我真的有负于范董事长的信任，也许再努力一下，就会成功了！因为刘青讲的经历与当下的情境很相似，所以，很容易让团队成员理解并且感同身受，同时抓住了故事的精髓，理解了为什么要去那么做，并且希望自己也能做到。

4. 好故事能够激发情感。当刘青讲到董事长范先生对自己和团队的信任以及团队成员经过努力终于为国争光的情节时，人的情感因素很容易被调动起来，产生一种荣誉感和高尚感，从而人的情感就被带入故事中，就会产生能量。

在职场或企业中，我们讲述的故事并不像演说家在演说舞台上讲述的故事那么惊心动魄。我们讲述的是最平常、最贴近生活、最朴实无华的故事，这样的故事才最能带给人感动、给人共鸣、充满温情。在实际工作中，大而空的故事反而会给人留下杜撰的感觉。

要通过故事激发团队敬业精神，改变团队的文化氛围，最重要的是找到最恰当的故事。在讲述之前，你最好要事先做好准备。因为在你讲故事时，你的团队成员在听的时候，会在内心发问：这个故事是否可信，是不是真的发生过。他们还会问自己是否喜欢这个故事，有没有对它感兴趣。最重要的是，他们会关心故事跟自己有没有关系，这个故事对我有什么启发等等问题。

第四章

小故事大能量：
用故事激发下属奋发努力

管理的本质在于管理者通过对企业各种资源的调配，使员工最大限度地发挥自身的潜力、积极性和创造力，从而为企业创造最大的效益。但是，在现实中，很多管理者在调动员工积极性方面，采用的是命令式的方式。他们认为，身为管理者就要善于利用自身的权威身份去督促员工。利用管理者自身的威信去管理员工本身并没有错，但如果使用打压的方式去命令员工，久而久之，下属就会感受到压力，从而对工作产生懈怠。从管理的角度而言，要让员工发挥主观能动性，最合适的方法是激励，其中最为重要的方法是故事激励，即让员工从故事中获取力量，改变自己消极的行为。

妙用故事表功劳：员工的好表现是激励出来的

国际性咨询公司的调查表明，企业 85％的员工在入职半年之后，通常都会由原本的兴致勃勃而变得无精打采，工作的动机和热情都会出现很明显的下降。由此可见，激励对于组织和企业的经营是至关重要的。做为企业的管理者，肩负着激励员工的重要职责。

激励员工的方法是多种多样的，其中故事激励就是一种极为重要的方法。因为当你将员工的表现或贡献以故事的形式表述出来的时候，会让员工具体地感受到管理者对他们的关注和关心，从而让下属更为感动、信任你，愿意长期追随你。

在韩国某大型公司里，清洁工原本是最被人忽视的角色，但就是这样身份的一个人，在一天晚上发现公司的保险箱被歹徒盗窃时，与歹徒做了殊死的搏斗。事后，公司为他请功，并问他为何会这样不顾性命地保护公司财产，这位清洁工的回答让所有的人都感到惊讶。他说："在一天清晨早会的时候，我无意中听到公司的总经理，用我平时对工作一丝不苟的故事来激励他的属下。那一次，我走到会议室门口，听到经理说："大家请看我们的这位清洁工，十几年如一日，每天都能将她自己职责范围内的事情做好，从来没有迟到和早退……就是这么几句话，我就决定为这个公司努力地工作，因为这位经理每天都在留心我的小小的付出。"这也正印证了一句话"士为知己者死"。

用员工的故事来激励员工，可以让被激励者感受到故事的真实性和可信度，可以让他们找到真正的学习榜样。好的故事，能够减少企业员工的流动，降低企业的人力成本；能够调动员工的工作积极性，增强企业的凝聚力，从而增强企业的竞争力。因此，用故事激励是管理者必备的一种技能。学会"创造感动故事"，可以让故事中的情绪感染到员工，让他们感受到真情，感受到企业对他们的关爱，让他们通过听你的故事，感受到你对他的关注。

在公司的年终总结会上，一位管理者在做工作总结报告时，他并没有用大而空的话来做总结，而是一一列举了每位员工在工作中的具体表现，他是这样说的：

"去年一年，我们的团队超额完成了公司交给我们的任务，当然，这与大家的努力是分不开的。大家也许不知道，其实你们每个人的具体表现都印在了我的脑海里。我记得是去年夏天，天气炎热，小陈为了能成功地拿下城区的一家大客户，冒着炎炎烈日，在那位客户的办公楼下面盯了整整一周，最终他的真诚和努力，感动了客户，大大地提升了我们团队的业绩……还有小赵，去年11月份，为了做好产品的市场调查，在大雪天冒着严寒，骑着电动车在市区的几大商场来回穿梭，结果生了一手的冻疮，右手肿得跟馒头似的……还有我们的产品经理小高，为了使产品更美观、实用，无数个夜晚都在加班熬夜……

这位管理者每讲到一位员工的贡献，都能让下面的员工感动万分，那些曾经付出过努力的员工，顿时觉得心里无比温暖，因为他们的付出，哪怕是细小的付出都被管理者记在了心里……当然，他们还会在第二年付出更大的努力来"回报"这个无比细心的领导。

与那些大而空泛的大道理、口号性的年终总结相比，这位领导的故事式总结，更容易让人动容和感动，更容易激发他们的工作积极性。

要想运用故事来阐述员工的业绩，一定要注意在讲述故事时，不要忘了情感的渲染，要做到这点，你必须在讲述他们的具体表现时，遵守事实，从大处着眼，在细微之处融入真情。即要善于从员工点滴的进步、起色和细节的表现着手，细致入微地描述事实，让员工真切地感受到，他的一言一行都在受到关注，这样才能使他们在微小的进步中体验到受人尊敬和关注的喜悦。

杰克·韦奇说："我的经营理论是让每个人都能感受到自己的贡献，这种贡献看得见，摸得着，还能数得清。"当下属完成某项工作的时候，他们最需要的是来自领导对自己工作的肯定，领导的认可就是对其工作成绩的最大肯定。尤其是当他们极为细小的良好表现，都能得到领导的认可，最能对下属产生激励作用。而讲故事的形式，恰恰就是从细微处着手，去阐述员工的这种细小良好表现，从而对他们产生极大的激励作用。

以别人的故事，来激发下属的"好胜心"

管理大师德鲁克指出，管理者的职责是引领而非运营。在任何一个组织内，管理者的职责都是最大限度地调动各方面的资源，联合各方面的力量，齐心合力地实现组织的目标，主要指挖掘和调动员工的潜力和积极性。

如何最大限度地调动和挖掘员工的积极性和潜力？这是一个老生常谈的管理问题，不同的组织部门，不同个性的管理者，都有不同的管理方法。除了采用有效的管理方法和制度外，激励便是常用的方法。要使你的激励起作用，最重要的是要懂心理学。懂得如何运用人的心理特点或天性，采用有效的方式，让你的话语在员工心中产生某种积极的情绪，进而激发他们的行为。在现实管理中，管理者要想使你的激励产生作用，就要懂得运用人类的基本心理：好胜心、强者心理。即一个人在与他人尤其是同行或身边熟悉的人进行"比较"时，很容易激发出一个人的好胜心，从而使他们克服困难，知难而上，完成自己原本觉得不能完成的工作。因为人们骨子里，总觉得自己是最优秀的。基于这样的心理，管理者在布置工作的时候，需要妙用这种"比较"，激发下属的潜在力量，让他们敢于知难而上。领导者应如何利用下属的这种"比较"心理呢？我们依然可以运用讲故事的方法，即当你在激励某个下属时，不妨去讲一讲其他员工的故事，以此来激励下属迎难而上的心理。

"去年我们团队的小吴带着我们新开发一款软件，跑遍了整个市区，一家公司挨着一家公司去推销我们的产品，终于打开了销路，创造了不错的业绩。小杰，今年这款新产品，我想交给你，让你去打开市场销路，你和小吴是同时进公司的，看你平时的表现，我觉得你的能力并不比他弱，怎么样？敢不敢去尝试一下！"为了激发小杰的好胜心，赵经理说道。

小杰听到这话后，感到很吃惊，他当然知道这件任务的艰巨性。因此不得不考虑自己的能力，考虑自己是否真的能完成这项任务。

赵经理见小杰犹豫不决，便微笑着说："害怕了？年轻人，没事，我不怪你，这件事我还是让小吴去吧！"

这句话激起了小杰的好胜心，他最终接受了这项挑战，并带着新产品开始了漫长的销售之路。

好胜心与挑战是每个人的天性，对于许多工作，只要管理者能妙用"比较"，善于激励，下属一定会以最大的热情去做好这项工作。一位成功的管理者，应该善于运用别人的故事来激发员工超越自我的欲望，因为这的确是能使员工振奋精神，接受工作挑战的最可行和最绝妙的办法之一。

有些时候，一些高明的管理者，为了激发下属的好胜心，还可以制造出"比较"中的第三方的故事，其实，这个第三方就是他自己，但领导在之前并不明确地指出这就是他自己。比如，领导者可以说"这个任务，我想交给一个有能力的人去做"，事实上，领导并没有指出这个有能力者究竟是谁。这句话说出口，下属便会在心头反问自己："我是不是老板说的那个有能力的人呢?"当然了，当领导将"有能力"的条件用到下属身上时，下属间便产生了"比较"的心理。这个时候，你将任务分派给任何一个下属，他们都会很"荣幸"地认为"自己就是领导心中有能力的人"，他们便会付出双倍的努力去完成你分配给他的任务，以显示出自己真的是个"有能力者"。

所以，身为管理者，如果你希望你的员工能够圆满地完成任务，那就要学着去用故事制造"比较"，激发他们的竞争意识。当员工们有了竞争，才会激发超越自我的欲望，才有可能超额完成工作任务。

在运用"别人的故事"来制造这种"比较"时，你需要注意两点：

1. 在借用别人故事时，最好能以受激励者身边熟悉的人为例，以同事的故事来制造"比较"尤佳，从而能更好地激发员工的好胜心和潜力。因为从心理学角度分析，与那些陌生人相比，人们更愿意和自己熟悉的人进行比较。

2. 用故事制造"比较"的前提条件是准确了解下属的心理，你必须知道他能爆发出多大的能量，然后再适当地增加工作难度，这样才有可能达到自己的目标。否则，若你为下属分派的任务大大地超过了他的自身能力，他也只会自暴自弃，任务自然也难以完成。

用积极正面的故事，激发下属奋发向上

在现实中，一些管理者为了使下属完成工作目标，常会用命令或强制的口气，迫使他们尽心尽力。类似的话语如，"这个文案，必须要在这个月底交给我！""这个工作你若做不完，那还来上什么班！"……事实上，这种口气和强硬的管理方法，只会激发员工的逆反心理，你若是一直命令他，他们则会更加偏离你的要求。实际上，聪明的管理者都会采用侧面激励的方式，比如讲一个正面积极的故事，刺激下属努力工作，当下属得到某种潜在的激励后，自然会在启发中来规正自己的行为，从而完成工作目标。

深圳一家公司刚入职一批新员工，这些新员工都是刚从大学毕业，他们毫无工作经验，也对自己的人生毫无规划，只是凭着感觉到了这里。公司为了防止这些大学生频繁地跳槽，便想出一个办法，让他们每个人针对自己的工作职位，做一份职业规划。等人生有了规划，他们便也能安心投入工作了。为了说服他们做职业规划，培训师在第一节培训课上便给他们讲了这样一个故事：

"大家可能不知道，这个世界上共有四种马：第一种是绝等的良马，主人为它配上马鞍，套上辔头后，它奔跑的速度快如流星，能够日行千里。尤其可贵的是，当主人扬起鞭子，它只要见到鞭影，便能够知晓主人的心意，迟速缓急，前进后退，都能够揣度得恰到好处。这就是深受世人称赞的能够明察秋毫的一等良马。

"第二种马也是好马，当主人的鞭子抽过来的时候，它能看到举起的鞭影，但是它没有马上警觉。等到鞭子扫到了尾巴的毛端时，它才能够知晓主人的意思，便会马上向前奔驰飞跃，也可以算得上是反应灵

敏，矫健善走的好马。

"第三种则是一种庸马，不论主人扬起多少次鞭子，它看到扬起的鞭影时，不但不能迅速地做出反应，甚至等皮鞭如雨点般地抽打在它的皮毛上时，它都无动于衷，反应极为迟钝。等到主人鞭棍交加，将皮鞭落到它的肉躯上时，它才能够察觉到，才会顺着主人的命令向前奔跑，这等马是后知后觉的庸马。

"第四种则是一种驽马，当主人扬起手鞭之时，它视若未睹；即便是将鞭棍抽打在他的皮肉上，它也仍旧毫无知觉。直至主人盛怒之极，它才能如梦初醒，放足狂奔，这种马是愚劣无知的驽马，因为它的冥顽不化，始终不受人喜爱！

培训师讲到这里，突然就停顿下来，眼睛极为柔和地扫视着在座的新员工，看到他们聚精会神的样子，心中极为满意，继续用庄严而又平和的声音说道："这四种马分别对应的是四种不同的人生。第一种人看到自然无常的现象，生命陨落的情况，便能够悚然警惕，奋起直进，努力去创造一个崭新的生命。第二种人则是看到世间的变化无常，看到生命的大起大落，也能够及时地鞭策自己，从不懈怠。第三种人则是等看到自己的亲友经历过颠沛流离的人生，经历过死亡的煎熬，亲尝到鞭杖的切肤之痛后，方能幡然大悟。第四种是当自己病魔侵身，四大离散，风烛残年的时候，才悔恨当初没有及时努力，在世上空走了一遭。就如第四种马，非要受到彻骨的剧痛后，才知道奔跑，然而，一切却已经晚了！我们要想不让自己沦落到第四种马的悲惨结局，就要及早地为自己的人生做一个规划，这样才能时刻激励自己不断前进，才不至于等一切都结束的时候，才去懊悔人生的虚度！这些新员工听了这个故事后很是感动，刚走出校门的他们，意气风发，抱负满满，谁也不希望自己最终沦为第四种马，于是便开始纷纷为自己的人生做规划。

后来，公司要求他们每个人都将自己的规划贴在自己的办公桌上，时时提醒自己努力工作，以最快的速度完成自己的职业升迁及人生蜕变。几年后，公司发现，这批员工是公司最为稳定的一批。

积极的，富有正能量的故事的确能够激励人心，上述事例中的培训师正是把握了新毕业学生的意气风发、抱负满满的心理特点，通过对四种人生的预示，使他们得到了启发，产生了奋发向上的动力。所以，在现实中，管理者要善于搜集和整理这些正能量故事，以激发员工奋发向上的心理。

名牌大学毕业的小刘，有着满满的信心和抱负，但总觉得自己得不到重用，为此，他毕业一年多的时候，已经换了六份工作。这一天，他又想从这家公司辞职，理由是自己的才能和那些打杂的行政工作不匹配。看着小刘的辞职报告，老板决定挽留他。于是，便给他讲了一个故事：

"在一个开凿渠道的工地上，有三个工人。第一个每天都懒洋洋地拄着铲子，用不屑的口气对其他的两个人说，自己将来一定要做老板；第二个则是天天抱怨工作时间太长，得到的报酬低；而第三个从来没说过什么话，只顾每天低头努力挖渠道。

"两年以后，第一个工人仍旧在拄着铲子，依然每天都在不停地嚷着自己以后一定要当老板；第二个则找了个借口办理了退休，从此不再干活，生活当然变得很惨；而第三个工人，最终不仅成了一家公司的老板，而且还让公司的发展蒸蒸日上。而这个人就是我。"

最后老板说："小刘，你固然有才华，可是你再有能力也得找一个平台好好地埋头苦干，让你的才能得到发挥吧！"

看到小刘满脸的疑惑。老板又看了看窗外，指着一个正在施工的工地上的一位工人说："你看到那些正在干活的人了吗？他们全都是我的工人，我虽然无法记住他们的名字，甚至对很多人都没有印象。但是，你仔细看他们之中，只有那边那个穿红衣服、脸晒得红红的家伙，以后可能会出人头地的。因为我很早就注意到他，他每天都比其他工人上班早，而且干活比谁都卖力。"随后，老板就笑着说："只有行动起来才能改变你的命运呀。很多人都喜欢痴心妄想，总是只说不干，或者等待着幸运会从天上掉下来，或者只等待着别人能够拉自己一把。最终招来的只是空虚的焦虑和无尽的失望。"

听了老板的话，小刘低下了头，他改变了主意，决定留下来踏踏实实地工作。

事实证明，很多会讲故事的管理者，都有一种让下属从内心自然接受的管理方法。这套管理方法就是以激励代替命令，这样可以激发出他们内在的潜力和工作积极性，让他们在压力巨大的情况下，也能有动力、有渴望，以愉悦和幸福的心情投入工作。

为此，我们要懂得在"尊重"和"激励"上多用心，其中讲积极的正面的故事就是个极好的激励方法。领导者在讲完激励性故事后，还需要注意以下几个方面：

1. 表达你对下属的期望

有时候，你无意间的一句话："我知道你不会让我失望的……"便会让员工和下属找到自身努力的方向和目标，看到自己劳动的价值所在。

2. 不忘激励，肯定犯错误的下属

当下属在工作中出现失误时，激励有时候要比批评显得更为重要。尤其是当下属犯了一些重大的失误时，他本身已经很失落、难过，但你的批评会使他更加消沉，这样可能会带来更大的损失。

有一次，索尼公司在日本的一家分厂的产品出了问题，这家工厂的产品是销售到东南亚的市场，总公司不断地收到来自东南亚的投诉，给公司造成了近1000万日元的损失。后来经过调查，发现原来是这种电子产品的质量出了一些小问题。该项目的重要负责人羞愧难当地随即向董事长提出了辞职，以示谢罪。

面对此，索尼公司董事长盛田昭夫很是冷静。他没有火冒三丈，严厉指责负责人的过失，并做出开除他的决定，以消除内心的怒火。他清楚地知道，这样做的结果于事无补，因为损失已经成为无法挽回的定局。

该负责人立即被盛田昭夫叫到办公室，要求对这一次错误做出陈述。事后，他又当着对方的面把辞职信一撕两半，扔进了垃圾桶，并笑着对他说道："你在开什么玩笑？公司刚刚在你身上花了1000万日元的培训费，你若不把钱挣回来就别想着离开。"

该负责人闻听此言，大出意外，立即化羞愧为奋发，变压力为动力，在随后的一年时间内，为公司创造了远远超过1000万日元的利润。

盛田昭夫是个极为明智的人，面对下属的失误，他既看到了公司的损失，也看到了下属发展的潜力，于是控制住自己的情绪，用激励来挖掘下属的潜力，最终挽回了损失。

身为领导者，无论下属做对或做错，都不能视而不见。因为你时时需要他们的支持和配合。

借用幽默故事，让批评变得悦耳动听

在一节培训课上，场面乱哄哄的，有的员工在说笑，有的员工在睡觉，有的员工眼观窗外。看到这样的情景，培训老师突然停了下来，语重心长地对大家说："如果坐在中间说话的那几位同学，能像那几位眼观窗外景色的同学那样安静的话，也就会让前面睡觉的那两位同学睡得更香甜了。"

此言一出，引起哄堂大笑，那几位被点到的同学的笑容里面带有羞愧之色。

这位培训者，本来可以直言批评那些表现差的员工，但如果那样做，可能会引起员工的逆反心理，从而使你的管理失去效用。而这位培训师正是运用了幽默的手法，结合场景，将他们的表现巧妙地编成一个小故事，让人倍感亲切，使气氛变得轻松，那几位员工即便受到批评，也没有那么难以接受。

在现实管理中，批评是一种艺术，而且是更高的艺术。即便你信奉"忠言逆耳利于行"，但也不要忘记，人都是有自尊心的。如果你想用"嘴"来说动员工的"腿"，那么，就不妨使用故事，让他们从幽默故事中体悟到自己的失误，在欢笑声中纠正自己的错误。

在一个机关单位里，每天晚上睡觉的时候，有一栋宿舍的几个年轻人不注意安静，喝酒说笑，吵得几个老同志晚上睡不着觉，于是就有人去跟领导告状。

领导找到了这些年轻人，没有进行严厉的批评，而是轻描淡写地给他们讲了一个故事："曾经有一位神经衰弱的老人，只要身边有点儿响声，他就会很难入睡。在他的楼上住了一位小伙子，这个小伙子上晚班，每天晚上下班回家，小伙子就把两脚一伸，踢下鞋子，当鞋子落在地板上的时候总会把下面的老人惊醒。于是，这个老人就去向这个小伙子说明了自己的情况。可是等到这天晚上回家，由于长期养成了习惯，小伙子又是把两脚一踢，可是刚刚踢下一只鞋的时候就想起了楼下老人的话，马上轻轻地放下了剩下的一只鞋。可是第二天老人又来找小伙子：'如果你像以前一样，把两只鞋同时踢下，我在惊醒之后还可以再次入睡，可是你留下一只没有踢落，我等你踢落另一只鞋子等了一个晚上。'"

听完这个故事，小伙子们一个个哈哈大笑起来，以后晚上就变得安静下来。

这个故事把机关里的年轻人比作楼上住的小伙子，把机关的老年人比作那个神经衰弱的老人，虽然不是一种针锋相对的比喻，却也能折射出批评的意味，这样的喜剧气氛反而更加浓郁，让人在愉悦之中接受了批评，并改正了自己的行为。

将幽默故事融入到批评中，在给人启发的同时，也能让人愉快地接纳自己的失误，缓解受批评者紧张、尴尬的情绪，从而改正错误。幽默故事式的批评在于启发、调动被批评对象积极思考。它以幽默的方式直击批评对象的要害之处，含而不露，令人回味无穷。但是，使用幽默故事式批评不要牵强附会，生拉硬扯，否则，将适得其反，给人一种画蛇添足之感。

管理者在借用幽默故事进行批评时，还需要注意以下几点：

1. 批评前可以先调侃自己

批评时，如果很快进入正题，被批评者很可能会不由自主地产生抵触情绪。即使他表面上接受，却未必表明你已经达到了目的。所以，先让他放松下来，然后再开始你的"慷慨陈词"。要做到这一点，你不妨先调侃自己，再幽默地批评他人。正如美国前总统柯立芝所说："理发师给人刮胡子，他要先给人涂些肥皂水，这样就是为了刮起来使人不觉得痛。"

王老师班上的纪律总是很差，原因是班上那几个顽皮的学生喜欢调皮捣蛋。在一节英语课上，王老师正在讲英语标点符号的用法。Lihua和Lilei在偷偷传字条，引得其他同学不停地去看，影响了课堂秩序。

于是王老师走过去，拿起来一看，只见上面写着："Lihua says, 'our English teacher is a stupid donkey.'"（Lihua说，"我们的英语老师是头蠢驴。"）。

原来是学生用老师刚刚讲的标点符号的知识，在恶作剧。老师并没有立即批评他们，而是把纸条上的内容写到了黑板上，并将这句话念了出来，立即引来全班同学的哄笑。可是，他又接着说："标点符号的作用是很重要的，改变一下标点的位置，语意就会发生这样的变化。"

于是她把上句话改成了："Lihua," our English teacher says, "is a stupid donkey."（"Lihua，"我们的英语老师说，"是头蠢驴。"）

全班同学看到这个改动，顿时又是一阵哄堂大笑，尤其是 Lihua 身边的同学，甚至止不住自己的笑声，还时不时瞅一瞅 Lihua，只见他已经深深地低下了头，并且羞红了脸。

从此之后，Lihua 和 Lilei 就再也没有扰乱课堂纪律了。

案例中的王老师是个懂得批评艺术之人，面对学生的无礼，他没有大发雷霆，也没有严厉地批评，而是先调侃一下自己，再改变标点符号，让同学们在学到知识的同时，也让那些调皮的同学认识到了自己的错误。

2. 批评过激时，可以借用幽默故事挽回

现实生活中，一些领导说话总是心直口快，面对员工的错误，一阵疾风暴雨之后才发现，原来自己真的"言重"了，在这种情况下，你可以采取幽默故事来补救。幽默当然并非是天生的，而是可以培养的。再呆板的人，只要努力都可以逐渐变得幽默起来。美国前总统里根以前也不是幽默之人，在竞选总统时，别人给他提出了意见。于是他采用了最笨的办法使自己幽默起来：每天背诵一篇幽默故事。所以，我们的管理者可以向里根学习，平时多多积累幽默故事，用它们及时来为你解围。

用故事消除抱怨，让员工学会承受委屈

许多管理者甚至老板经常会在公司听到类似这样的抱怨："我整天累死累活，上司就是不给我加薪！真的好委屈！""上司不懂得识人，我

这么有才华，老板就是不给我机会！宁愿去重用能力平平的！""老板真的太苛刻了，天天要求我做这做那！"……这种消极情绪不时地会笼罩在企业中，感染到其他员工，从而影响到团队整体的执行力和积极性。身为管理者，就要想办法消除这种"消极情绪"。要消除员工的消极情绪，首先要了解他们这种情绪产生的根本原因。实际上，很多员工爱抱怨，是因为他们总是习惯于将自己工作不顺心的原因推到企业或上司身上，不懂得反思自己。面对此种情况，身为管理者，就要学会运用恰到好处的方法，让员工学会从自己身上找原因。要解决这个"难题"，采用说教的方法很容易伤到员工的自尊心，所以最好的办法就是给他们讲故事。

近来，林强在公司中总能听到下属的抱怨：抱怨公司太过抠门，干了这么久都不给他们涨工资；抱怨工作量太大；抱怨上司的管理太过苛刻等等。林强决定用讲故事的方式来消除他们的怨气。

在周一的全体员工会议上，林强对大家说道："我知道，最近大家工作很辛苦，这些年也为公司付出了很多，最近也听到不少怨言，似乎大家对公司和我个人都有意见。但大家似乎没有从自己身上找过原因。下面，我想给大家讲一个故事：

"在美国军队中，有一次，一名军官到下属部队去视察并看望士兵。在军营中，这位军官看到一位士兵戴的帽子很大，大得都快把眼睛给遮住了。于是，他走过去问这个士兵："你的帽子为什么会这么大？"这位士兵马上立正并大声说："报告长官，不是我的帽子太大，而是因为我的头太小了。"军官听了忍不住大笑起来，并说道："头太小不就是帽子太大吗？"士兵马上又说："一个军人，如果遇到点什么，应该先从自己身上找原因，而不是从别的方面找问题。"军官点点头，似有所悟。几年后，这位士兵成了一位伟大的少将。

"这位士兵遇到问题，先从自己身上找原因，最终成就了他的少将梦。在生活中,当我们抱怨的时候,是否想过造成你当下的'不良境况'是公司的原因,还是你个人工作不够努力呢?我们公司有严格的晋升制度和工资提成薪资制度,你们想要更多的工资,为什么不去努力做业绩呢?就像小赵,虽然来公司只有短短的半年时间,但因为工作努力,为公司签下了几个大单,单单提成就拿了不少。其实,公司制订的这种薪资制度,就是给每个人公平的机会,如果你自己不努力,而去抱怨公司,那就要从自己身上找原因了。"

这次会议后,林强明显地感觉到员工的怨气减少了。

要想消除员工的抱怨,最根本的是要找出他们为何而抱怨,然后用故事去点醒他们。正如上述案例中的林强一般,当听到员工的抱怨时,如若直接给他们讲道理,让他们私下里去反思自己的行为,一定会伤害员工的自尊心,起到相反的作用。而他则是巧妙地给他们讲了一个故事,让他们认识到自身的问题所在。还有的公司管理者,为了消除员工的怨气,激励他们努力工作,会给他们讲自己的人生经历。

一位老板经常听到一位颇具能力的下属向自己抱怨任务繁重,每次在交工作任务的时候,总是一边抱怨、发牢骚,一边对自己因顶住压力而完成工作洋洋自得。这位老板,便在私下里,给他讲了自己的工作经历:

"小林,你知道吗?你现在和年轻时候的我有点像!"老板说道。

"哦,是吗?"听到老板这样说,小林感到荣幸。

"我年轻的时候,也在几家公司工作过,那时候的我年轻气盛,满怀抱负。当然,跟你一样,也总爱将自己受的委屈挂在嘴边……

"那时的我曾是一家著名企业的员工,因为才华横溢,经常被老板安排一些重要的工作。我记得那一天,加班到很晚,回到家已经是凌晨3点钟了。刚想睡觉,我突然收到一封邮件,是老板发来的,说我工作中出现了很明显的纰漏,并批评我工作做得不到位。我收到邮件后很是崩溃，委屈得很。于是当即奋笔疾书，给老板回邮件诉说我对工作是如何地用心，如何地努力出业绩……洋洋洒洒地写了2000多字。

"写完了，我突然有些冷静了，就开始琢磨：如果我是老板，我对一个员工工作不满意，于是给他写了邮件批评他，最终看到他长篇大论的解释和辩解会是什么感觉？遇到处处为自己开脱责任的员工，我会重用他吗？显然不会。突然间，我明白了这样一个道理，于是就把写好的邮件删除，只是简单地回复了一句话：对于大意所出的错误，我会尽快修正。同时，我也会反思我的工作，尽快做出调整。

"两个月后我晋升了。在晋升仪式上，我对老板说起此事，他对我说，我知道你当时满腹委屈，我就是想看看你面对委屈和压力时，会有怎样的反应，这体现了一个人的成熟程度……"听完这个故事后的小林，明显地意识到了自己的问题，便羞愧地低下了头。

对于任何一个企业来说，抱怨弥漫对于企业竞争力来说都是一种巨大的伤害。所以，在现实中，管理人员要消除这种抱怨，最好的办法就是给他们讲故事。

在处理员工的抱怨情绪时，管理者应注意以下几点：

1. 要认识到，抱怨是企业员工一种正常的心理情绪。当员工认为他受到了不公正的待遇，就会产生抱怨情绪，这种情绪有助于缓解心中的不快。管理者不必对员工的抱怨产生恐慌，但一定要认真对待。

2. 一定要了解起因。任何抱怨都有他的起因，除了从抱怨者口中了解事件的原委之外，管理者还应该听取其他员工的意见。如果因为同事关系或部门关系而产生的抱怨，一定要认真听取双方当事人的意见，不要偏袒任何一方。在事情没有完全了解清楚之前，管理者不应该发表任何言论，过早的表态，只会使事情变得更糟。

3. 在给他们做情感疏通或给他们讲故事时，要尽量做到心态平静。据统计，企业中80%的抱怨是针对小事的抱怨或者是不合理的抱怨，它来自员工的习惯或敏感。对于这种抱怨，管理者最好采用讲故事的方式对他们的这种消极情绪给予疏通，但是在讲故事时，要尽量保持心态平静。其他 20% 的抱怨是需要做出处理的，它往往是因为公司的管理或某些员工的工作出现了问题。对抱怨者首先还是要平等地进行沟通，先使其平静下来，阻止抱怨情绪的扩散，然后再采取有效的措施。

提升忠诚度，让员工学会自我规划

在现实中，许多管理者总感觉，员工对企业的"忠诚度"极低，员工的跳槽率很高，员工在工作中稍不如意，就辞职。实际上，任何一个员工跳槽，都是有原因的。正如马云所说，员工的离职原因林林总总，只有两点最真实：1、钱，没给到位；2、心，委屈了。这些归根到底只有一条：干得不爽。在现实中，要解决员工"干得不爽"的问题，除了要给他们富有挑战性的薪水外，管理者还要注意员工自我价值的实现，尤其要关注他们的自我成长。正如一位管理者所说，员工到一个企业中，或为了赚钱，或为了学东西，如果这两者都不能得到，那他们为何还要对你忠诚呢！所以，身为管理者，要想提升员工的"忠诚度"，就要懂得让他们实现自我人生价值，这其中最为关键的一步就是让他们学会对自我职业生涯的规划。

提及职业生涯规划，多数管理者都会认为这是员工自己的事情。其实不然，因为这不但是企业激励和留住人才的必要方法，也是将员工职业生涯与企业发展远景联系起来的重要手段。但是，身为管理者，如何激励员工做职业生涯规划呢？与其给他们"下命令"，不如以讲故事的方式进行：

为了提升员工的"忠诚度"，人事部经理刘东强烈建议那些刚进入公司的员工做职业规划。为此，他给大家讲了这样一则寓言：

"一棵苹果树，终于结果了。

"第一年，它结了 10 个苹果，9 个被拿走，自己得到 1 个。对此，苹果树愤愤不平，于是自断经脉，拒绝成长。第二年，它结了 5 个苹果，4 个被拿走，自己得到 1 个。这时，它却很高兴地笑起来："哈哈，去年我得到了 10％，今年得到 20％！翻了一番。"这棵苹果树的心理终于平衡了。

"但是，它还可以这样做：继续成长。如果第二年，它结了 100 个果子，被拿走 90 个，自己则得到 10 个。也有可能，它被拿走 99 个，自己得到 1 个。但没关系，它还可以继续地成长，第三年结出了 1000 个果子……

"对于苹果树而言，得到多少果子不是最为重要的，更重要的是，苹果树在成长！等苹果树长成参天大树的时候，那些曾经阻碍它成长的力量都会微弱到完全可以忽略。所以，对于苹果树而言，最好的生长法则是：在任何时候都不要太过在意能结出多少个果子，成长是最为重要的。

"这则寓言给我们现代职场人以这样的启示：你是否是自断经脉的打工族呢？

"刚入职时，大家可能觉得自己才华横溢，于是意气风发，坚信'天生我才必有用'。但对于无经验且刚入社会的新人来说，一般情况下，企业或公司都会分配给你一些零碎的，看似无关紧要的工作：打印文件、端茶倒水、跑腿打杂，你苦闷难当，觉得自己的才华被埋没；或许，刚开始你为单位做出贡献却没受到重视；或许，你只得到口头的重视但却得不到实惠；或许……总之，你觉得自己就像那棵苹果树，结出的果子自己只享受到了很小一部分，与你的期望相差甚远。于是，你便开始消沉、失落、愤怒，懊恼，牢骚满腹……最终，你决定不再那么努力，你会让自己的所做去匹配自己的所得。几年过去后，你会发现，当下的你已经完全没有了当初的才华和激情。

"看穿了，看透了，成熟了。多数年轻人都习惯于这样的自嘲。但是实际上，你已经完全停止了成长。我们身边的多数职场人都在上演这样的故事。他们之所以会犯这种错误，是因为他们自己早已经忘记了，生命本身就是一个历程，一个整体，他们觉得自己已经成长过了，现在该到结果子的时候了。我们都太在乎人生一时的得与失，而忘记了人生的成长是最为重要的。"

的确，要想激励员工做职业生涯规划，与其"命令"，不如用故事激励，让他们自发自愿地思考自身的优劣势，并结合公司的发展前景，为自己做职业规划，从而让他们在实现个人价值的同时，也使企业实现自身的增长。

要让员工做好自我职业生涯规划，管理者还应该让员工充分了解企业各方面的信息，才能使其职业生涯与企业愿景相协调。管理者要为员工提供的信息有：企业的战略和各阶段目标，这类信息包括企业各阶段、各层次、各部门的人力资源需求；企业的价值观、使命感、制度、行为模式等，以让员工决定是否合适自己；岗位供给信息等。此外，管理者还应让员工了解与本行业有关的技术发展情况和当地的社会环境情况等。接下来，你可以将岗位划分为管理类、技术类、操作类和营销类等，根据岗位价值进行结果评估，确定每类员工的职级位置，让每类员工都能清晰自己在公司的发展前景。

其次，让员工工作与绩效考核、薪酬体系对接。对员工的职业生涯发展情况等指标进行考核，考核结果与薪酬挂钩，可以更好地引导并督促职业生涯管理工作落到实处。

第五章

·   ·

说服员工：
"讲道理"办不到的，讲故事能

运用"故事法"，往往能在说服性管理中收到意想不到的效果。拓扑心理学创始人库尔特·勒温在团体动力学的研究中发现，大多数人都具有趋利避害、趋易避难的行为选择模式。首先，故事相对于说服性的理论来说，更贴近普通员工的生活，它化难为易、化深为浅、化理性为感性，使听众易于理解和接受，对故事讲述不会产生排斥；其次，故事的新颖性，使讲述更具有吸引力。如果讲解者能够渲染情节，巧妙地使用语言就能在现场制造出一种愉快的、有吸引力的氛围。员工会在愉悦的氛围中接受故事所包含的文化意义，从而使故事在行为之初，便能起到说服员工进入行为的作用。

"切身经历"的故事，使你的话语更有说服力

诺贝尔文学奖获得者、中国作家莫言是一个擅长"讲故事的人"，在诺贝尔的颁奖典礼上，他将自己的故事融入演讲之中，穿插了大量他对母亲、亲戚、家乡的叙述和回忆，其中的爱与痛令在场的人无不为之动容。

美国总统奥巴马的口才颇佳，他在演讲中总是能够自如地引用一些发生在自己身上的故事或是他自己身边的小故事，来增强言辞的可感性。他在发表国情咨文、阐述第二任期施政重点和对国家前景的设想时，讲了两个故事来增加实施这两个政策的重要性。其中一个故事讲的是被枪杀的 15 岁的芝加哥少女，另一个是一位 102 岁的老奶奶。

奥巴马动情地说，在遇害前一周，佩德尔顿还在自己的总统就职典礼上参加演出，她是一位爱笑的啦啦队员，正在读高二，爱吃夹心曲奇爱涂唇蜜。没想到一周后，她在芝加哥一个公园中不幸中弹身亡，遇害地点距离奥巴马在芝加哥的寓所只有 1000 多米。

奥巴马将佩德尔顿的父母和其他 20 多位枪击案遇难者的家属请到了现场。在表示哀悼的同时，奥巴马更加强调了枪支管制的必要性，因为短短两个月以来，在美国，共发生 1000 多起枪击案。

奥巴马接着又讲述了这位 102 岁老奶奶的故事，去年 11 月美国举行大选，这位家住佛罗里达迈阿密的老奶奶不顾年老体弱，坚持排队 6 小时才投上一票。由于年老体弱，队伍里的年轻人轮流搀扶着她，当她完成投票之后，人群中一片欢呼。在奥巴马眼中，这位老奶奶正是所有美国人的榜样。

这两则故事，都是奥巴马的"亲历"，瞬间增强了其话语的"说服力"，很容易让人支持他推出两项决定。这同时也告诉我们，一个好的故事可以抵得上长时间的长篇大论，尤其是"切身经历"或"亲眼目睹"的故事，可以大大地增加可信度，增强说服力，更能够引发他人的情感共鸣，使人折服。所以，身为管理者，在日常管理工作中，要想改变员工一些顽固或已经形成的不好的行为，最好采用自己的"切身经历"来增强说服力。

阿里巴巴的马云之所以能够一直充满魅力，就在于他经常借助于讲故事来推销自己的理念和思想，尤其常借助他的"亲身经历"来让人欣然接纳他的观念。比如，企业规模扩大之后，内部员工很容易犯僵化的毛病。对此，马云讲了这样一个故事：

"七十年代末，我在杭州学英文，在西湖边上，老外说你们广播操很好，我就教他们做广播操。教完之后，我回过头来看看，他们也回过头看一下，我一笑，他们也一笑，我弯了一下腰，他们也弯了一下腰。

"第二天表演，所有人在做这个动作的时候，都转回头，笑了一笑，弯了腰。这个就是习惯。你以前一贯认为对的东西，也许当时是出于我们竞争的需要，当时做这个动作的时候傻傻的，于是越来越傻。

"我们要问：为何这么多年来我们没有进步，阿里巴巴网站这几年来没有重大的突破？现在彭翼捷这边和卫哲这边的战略很清晰，也开始采取措施，但重要的是每个人的行动，挑战，因为我们太封闭了，这么多年的行为要改变是很累的。我讲一个笑话，两夫妻生了一个孩子，一个星期想不出一个名字，然后爷爷一脚踢进门来说，你们不要想了，一个根，一个宝都要有，其他你们挑。那只能是根宝了，你已经限制了范围，徐姓也不能改，那要么是徐根宝，要么就是徐宝根。我们今天亦是这样，凡是都在这里，那改是没有希望的。"

　　每次演讲，马云总能将这些有趣的故事信手拈来，这些有趣的故事或者引人深思的主题往往都是马云事先准备好的。本来是一个颇为严肃的话题，但是马云却能够恰到好处地将这些严肃消除，用故事生动地指明了大家不敢挑战变化的惰性，让这次演讲吸引人且深入人心，更发人深思。相对于那些容易让人产生逆反心理的滔滔不绝、严肃呆板的"批评"或"指责"，马云的这种做法更能让人接纳，更能让员工自觉去反思自身的行为，改变一些"顽疾"。

　　一个自己亲身经历的故事，总是会让听众感觉那就是真实的、可信的，是真实发生在讲故事人身上的，为此，它最能打动人心里最柔软的部分，不管一个人多么有心机，多么地强硬，都会被一个好故事影响：或者改变自己固有的想法，或者改变自己哪怕已经养成习惯的行为。

　　肖恩·卡拉汉在其著作中这样写道："好的口述故事对我们有极其强大的影响力，原因之一就在于我们能体会到讲述者的感觉。很多时候，当一个人告诉别人他的亲身经历的时候，听者的大脑活动与讲述者的大脑活动是同步的，但是事实不止如此。神经科学家玛丽·海伦·伊莫尔迪诺·杨和她的同事们证实，当我们听到一则动人的故事，例如引发了我们同情或赞美的故事的时候，更多的血液注入了我们的脑干——这里是人脑控制心跳、血压和呼吸的区域。所以我们能感觉到他人的情感状态，而且后者对我们的影响异常深入。"

　　管理沟通的根本目的之一就是影响人的思维和行为，而故事性的沟通，尤其口述自己亲历或亲眼目睹的故事，更能对人产生深刻的影响。听到这样的故事，就好像看着事情真实地发生一样，好像你是第一见证者，于是，你能感觉到人物的情感，包括他们的痛苦，而且，你还能预测他们的行为。所以，当领导者通过讲故事让下属感觉到了正在发生的事情的时候，下属就可能抓住领导者所传达的想法，并进一步展开行动。这也就意味着，你的故事激发了员工的行动力和执行力，你的管理目的便达到了。

借力打力，故事更容易让对方明白你的用意

在现实中，一些管理者可能有这样的经验：有时候，与人沟通，直接表达自己的想法或意见，对方可能会拒绝接受。尤其在说服员工改变想法或行为的时候，我们就要学会委婉的表达方法，比如讲故事。以讲故事的方式来传达你的观点，更容易让员工明白你的用意，尤其在对员工讲一些无法明说的道理时。

小王是一位职场新人，看起来很是精明。他为了尽快得到领导的赏识，就想方设法地去迎合老板、讨得老板的欢心。但因为缺乏经验，经常被老板提醒："你应该把心思放在工作上！"可小王似乎听不懂这里面的用意。

老板为了让他明白自己的用意，便给他讲了这么一个故事："小王，你是学文科的，应该知道苏格拉底，今天我要给你讲一个苏格拉底的故事：一次，苏格拉底将几个弟子叫到身边，问了他们一个哲学性的问题。他问道：'如何才能除掉旷野里的杂草？'

"弟子们听罢这个问题后目瞪口呆，没想到老师竟然会问如此简单的问题。

"一位弟子说道：'用铲子把杂草全部都铲除！'苏格拉低微笑着点点头。

"另一个弟子说：'把石灰撒在草上就能除掉杂草！'苏格拉底还是点头微笑。

"第三个弟子说：'不用那么麻烦，只要一把火就可以将草烧掉！'苏格拉底依然微笑不语。

"第四个弟子说：'他们的方法都不行，用那些方法，过不了多久草照样还会长出来，斩草就要除根，必须要将草根全部挖出来。'

"待弟子们讲完，苏格拉底说：'你们都讲得不错，但这并不是最根本的办法，要想地里不长草，就要将那块地种上庄稼！'"

后来，老板语重心长地告诉小王："'欲除杂草，必先种庄稼'这个故事有极深的寓意性，对一个人的职业生涯而言，要想除掉升迁路上的困难，就要把注意力放在学习、工作等正经事上。"小王听了这个故事，一下子明白了老板的用意。

在现实中，对于一些无法启齿的说教，领导者完全可以通过讲故事让员工明白你的用意。正如上述案例中的老板一样，他没办法直接对小王说："别再跟我套近乎了，要获得我的赏识，争取升迁的机会，不如将心思用到工作上吧！"这样的话说出口，定会伤到小王的自尊，而老板则采用讲故事的方式，让小王立即明白了他的用意，同时委婉地给小王提出了建议，可谓高明。

在中国古代，那些颇具智慧的大臣在向君王进谏的时候，都会以故事的表达方式去说服。在《触龙说赵太后》中，大臣触龙并没有直接说出自己的建议，而是通过一系列的小故事来逐步表达自己的想法，最终让赵太后接纳了自己的建议。

同样，在现实中，管理者在与人沟通中，若是遇到不好直接说的话或者不能直接表达的意见，通过讲故事的方式来传达自己的想法是再合适不过了。要用故事来传达你的意见，需要注意以下几点：

1. 选择具有代表性的故事

在谈话中讲故事，可以起到使谈话内容具体化、增强说服力的作用。但是，管理者在说服时，一定要选择那些具有代表性的、说服力强的故事。如果你讲了一个很长的故事，但却因为故事不具有代表性而使对方不能理解，这样就难以达到沟通的效果。

2. 注意故事的适当性

管理者在讲故事的时候，还要注意场合、对象，讲出的故事一定要符合听众当时的心境。同时，在说服时，不要一直讲故事。偶尔在谈话中传插一个故事，会让人感到新奇，但经常使用则会让人心生厌烦。

3. 注意表达的隐晦性

管理者在选择讲故事的时候，一定是想避免直接表达带来的弊端。因此，即便是讲故事，我们也要适当注意表达的隐晦性，不能直白地在故事中阐明自己的想法。我们所需要表达的想法和意见，完全可以借助于故事去委婉地传达，这样才能更好地影响对方的心理。

管理者选择的故事必须要具有普遍意义，对故事运用的准确性要有确切的把握，切勿使用说服力极弱或不合时宜的故事，以致让听众听得迷迷糊糊。

讲道理之前，先讲个故事

管理很多时候是一种沟通的艺术，但是，心理学上认为，人与人之间是存在沟通障碍的，双方共有的戒备心理，致使我们很难说服别人。古人云：感人心者，莫先乎情。说服别人，可以说是一种情感上的征服。只有善于运用情感技巧，动之以情、以情动人，才能够打动人心，说服别人。

在现实中，很多管理者需要去说服他人，在说服他人的过程中，如果你想要你的话语产生效力，且能让你一吐为快时，你在谈话的过程中就不应该单是陈述事实，还要把自己的感情注入你的谈话中，而一个重要的方法是先向对方讲一个故事，让其从故事中领略你的意图，从而接纳你的观点和意见。

我们都听过邹忌讽齐王纳谏的故事。长相俊美的邹忌，把自己身边的人对于赞美自己容貌的真实动机告诉齐王，来隐晦的提醒齐王："今齐地方千里，百二十城，宫妇左右莫不私王，朝廷之臣莫不畏王，四境之内莫不有求于王：由此观之，王之蔽甚矣。"意思即是，如今齐国有方圆千里的疆土，一百二十座城池。宫中的姬妾及身边的近臣，没有一个不偏爱大王的，朝中的大臣没有一个不惧怕大王的，全国范围内的百姓没有一个不想求助于大王。由此看来，大王您受到的蒙蔽太严重了！"

伴君如伴虎，每一句话都要反复斟酌才可以说出来。不得不佩服，邹忌的说话很有策略很聪明。

邹忌如果直接对齐王说，他受蒙蔽了，齐王怎么想？肯定会觉得，你的意思是你比我聪明？估计邹忌以后的日子就会不好过了。

世上没有绝对理性的人，很多时候大家都会用自己的主观意识去判断一件事情，直觉和情感在人的决策过程中有着重要的作用。所谓的真相，即指你相信它是真相，它就是真相。同样的话语用不同的表达方式展现出来，其结果是完全不同的。将冷冰冰的数据和事实摆在他的面前，很可能会因为真相难以接受而不敢承认，远不及给他讲一个充满趣味，引人思考的故事更容易接受。

说服实质是一种情感上的征服，要想说服别人，首先需要关注人的情感因素。干巴巴的大道理不容易说服人，人们需要的是一个"真情实感，富有说服力的故事"，这让听者从情绪上更容易接受。借用故事来讲理道，实际是将道理、事实、需求等必要的信息，从多个角度丰富起来。关注人们的情感因素，关注细节，让人们能够从听觉、视觉、情感和想象等多方面体验，得到更多真实丰富的多层次感知。

这些融入信息的故事与单纯的信息之间的差别，就如同交响乐的丰富层次的听觉享受之于单一乐器的听觉享受。当人们得到多维的丰富感知时，更容易体验到"身临其境"的认同感，也更容易接受随之产生的影响。

对于管理者来说，要借用故事来讲道理，就要学会改变自己的思维。因为讲故事不只是一种管理方法、技能，更是一种思维方式。当你在管理中需要说服别人时，首先要通过深入理解和不断练习，把故事思维方式内化到个人的思维体系之中，让个人的思维方式增加一个维度，形成更全面的思维框架。多一个角度看问题，就能够多一个层面的考虑，多一个解决的思路。另外，你在讲故事时，要懂得将故事思维外化到个人的语言和行动之中。我们学习技能，提升能力，都是为了更好地运用。故事的影响效果，首先应体现在个人身上，从"怎么说""怎么做"开始改变。

权威效应：利用权威故事，使你的话更有分量

美国斯坦福大学心理学家们曾做过这样一个实验：

一位教授向学生们介绍了一位著名的化学家——来宾·比尔博士。在课堂上，博士从包中拿出一个装着液体的玻璃瓶，说道："这是我正在研究的一种物质，它的挥发性很强，当我拔出瓶塞，马上就会挥发出来。但它完全无害，气味很小。当你们闻到气味，请立即举手示意。"

说完之后，博士便拿出一个秒表，并拔开瓶塞。一会儿工夫，只见

学生们从第一排到最后一排都依次地举起了手。后来,心理学教授告诉学生:比尔博士只是本校的一位老师乔装的,而那个瓶子中的液体也只是蒸馏水而已。

为何对于本来没有气味的蒸馏水,多数学生却认为有气味呢? 这便是现实社会中普遍存在的一种社会心理现象——"权威效应"——在起作用。所谓的"权威效应"指如果说话的人地位高、有威信、受人敬重,他的话和行为就极容易引起别人的重视,即我们平时所说"人微言轻、人贵言重"。

生活中,"权威效应"有着极为广泛的应用。比如某个商家为了使产品更能使人信服,便会让权威人士做广告宣传,而消费者也正是在权威人士的"洗脑"作用下而产生购买意向。又如在辩论说理时,我们也经常引用权威人士的话作为论据,以增强自己的说服力。而具体运用到讲故事中,就要巧妙地运用权威人士的故事或者一些颇具权威的观点,来增强你话语的影响力。华为总裁任正非,在给员工讲管理之道时便十分善于利用各种"权威"理念,来增强其话语的影响力。

在一次会议上,任正非给大家讲了"温水煮青蛙"的著名心理学故事。他说道:"把青蛙突然扔进水里,沸水令青蛙的神经系统受到强烈刺激,青蛙在条件反射的作用下可以迅速地跳出去。但是若把青蛙放在凉水里,让水温慢慢上升,青蛙便会浑然不觉危险的存在,怡然自得地游来游去,等它能感到热的时候,已经无力跳出,唯有坐以待毙。

"温水煮青蛙道出了从量变到质变的原理,说明由于对渐变的适应性已形成惯性,以致失去戒备而招灾的道理。突如其来的大敌当前往往让人做出意想不到的防御效果,然而面对安逸满意的环境往往会太过松懈,也是最为致命的松懈,到死都还不知何故。

"历史给予华为机会,我们要防微杜渐,居安思危,才能长治久安。

如果我们为当前的繁荣、发展所迷惑，看不见各种潜伏的危机，我们就会像冷水中不知大难将至的青蛙一样，最后在水深火热中魂归九天。"

任正非在给公司的管理层传递自己的"管理之道"时，也引用了《老子》的理论，他这样说道："华为的管理要静水潜流，沉静领导，灰色低调、踏实做事，不张扬、不激动。静水潜流之道就是表面看似一种平静，其实则不然。

"水代表了世界上最软弱的东西，但又是战胜其他所有事物的最为强大的力量。《老子》就有：天下莫柔弱于水，而攻坚者莫之能胜，以其无以易之。上善若水。水善万物而不争，处众人之所恶，故几于道。水，以柔克刚，弱者也即是强者，天下莫能与之争。

"静，是一种没有摇旗呐喊的张扬，不显山不露水，不虚张声势的收敛，看似漫不经心，其实是目标明确，精心策划，含而不露，一切都在无声中达到目的。静，并不是真的平静，真的什么都没做，而是表面看起来平平静静，其实是春雨润物，水滴石穿，蕴藏着巨大的能量，是'水无声处听惊雷'。

"假如你不知水之深浅，拿起石头往水里扔，溅得水花起响，水声越是响亮，水就越浅，如果没有溅起水花，而水声也不大，那水一定是深不可测，其蕴藏的力量是巨大的。这就叫作'静水潜流'"。

在管理工作中，利用权威故事或权威理论，可以增强你话语的影响力，提升你的可信度。因为权威故事或权威理论已经在多数人的心中形成了"正确楷模"的意识，服从他们会给自己带来心理上的安全感，增加安全的"保险系数"；其次由于人人都有被他人"赞许"的心理需求，认为如果与权威人物的行为相符合或者按照他们的要求去做，会得到社会各方面的赞许和奖励。抓住人性的"特点"，让多数人依赖于他，这便是权威让人服从的秘密，而绝大多数情况下，人们根本无法察觉。

管理者在采用权威故事或权威理论时，需要注意以下几点：

1. 多说事实故事，制造"权威"

真实的才是可信的，如果我们不是"权威"，就要善于制造"权威"。语言使人信服的前提是让事实说话。在说服中，要善于运用事实交流法。这种说服方法的中心点就是唯实、唯事，尊重客观事实，用事实说话。运用事实交流法进行说服最能打动人心，最能使人信服。

2. 语言干脆，当机立断

讲事实性的故事，与一般故事并不相同，权威故事需要领导者在讲述时有决断力，并且，在故事结束后，说服对方时，也要明确"拍板"，日常工作中亦是如此，如果下属向你请示某动员会议的布置及议程，如果你认为没有问题，就可以用鼓励的委婉语气表示："知道了，你看着办就行了。"这种表达既给了下属支持与鼓励，也给了下属行动的权力。

总之，领导者在讲故事或沟通时，要做到"势在必得"，就必须要"有板有眼"，讲一些权威性的事实故事，能帮助你树立威信，获得他人的支持。

第六章

做产品营销：
你离营销高手之间只差一个讲故事的距离

　　故事是具有"传播"功能的，为此，我们可以借助故事的传播功能，运用到产品的营销活动中。的确，一个好的产品或品牌，需要借助故事去传播，就像一个有魅力的人需要有传奇经历一样。一个适当合理的故事被一而再再而三地传播时，无疑增加了消费者对品牌的正面认知，增加了品牌的说服力和亲和力。感性和形象，是达到成功的传播效果的重要方法，故事，正好具备这两个特点。所以，在当下信息泛滥的时代，如何给你的产品或品牌讲一个好听的故事，是赢得消费者的关键。

营销的本质就是引人关注：好故事最能抓人注意力

马克·莱温是美国著名的推销员，他说："销售的本质是什么，人们一直不太了解。是卖东西吗？不是。在我看来，销售就是用一个故事抓住并保持人的注意力，而不是天花乱坠地讲解产品的性能。"这也说明，营销成功的秘密在于能否抓人注意力，而获得人们注意力最佳的方式便是讲故事。

尤其是随着互联网经济的发展，我们生活在一个注意力经济的时代。谁掌握了注意力，谁善于制造注意力，谁就能获得成功。换言之，在未来，谁会讲故事，谁的故事讲得好，谁就能赢得财富。

诺贝尔奖获得者赫伯特·西蒙曾做出预言："随着信息的发展，未来有价值的不再是信息，而是注意力。"而营销的本质就是通过一个好的故事或吸引眼球的故事制造注意力，将自己要传播的信息植入其中，从而引起人们的注意，让他们接受你要灌输的理念。只要你能成功地创造出注意力，卖出一个好听的故事，即便你的商品名气不够大，也能够迅速地吸引人们的眼球，像释放出魔法一样，引起大众的关注度，然后在市场上占有一席之地。

达到目的的前提是，你创造的"注意力"必须具备新鲜、独特和不可复制三大特点，这样才能具有强大的感染力，获得大众的认可，否则就可能沦为平庸。

从心理学的角度分析，"注意力"体现了人们关注某一个事件、行为或主题的持久度，具有广泛的扩展效应，是营销学领域内的重要课题，也是每一名销售从业者不可忽视的关键因素。

　　参与试验的三位学生分别是莫雷、米歇尔和巴塔亚尔。这三位年轻人的个人条件不分上下，衣着得体，心地善良，形象上佳，还具有很好的口才。消费者不会因为他们的形象差异而做出拒绝或同意购买的决定，也不会因为他们说话太笨或太油滑而产生不同的消费行为。他们要做的就是完全按照剧本执行任务，销售的是一种相同牌子的奶粉。唯一不同的是，每个人要讲的台词不一样，有着完全不同的设计。

　　上午11点，三个人同时到达了促销现场，销售商事先对目标人群做出了精确的定位，以防出现任何的不公。他们兜售的目标是怀孕约6个月以上的妈妈，这些人都是潜在的婴幼儿奶粉的消费者。

　　莫雷做的是一个最简单的打折销售行为："你好，我们商场现在正在打折促销一些品牌的奶粉，都是国际大牌。你有兴趣进去看看吗？"

　　米歇尔的开场白复杂了一些，她重点介绍了这款奶粉的营养功效，表现得十分专业："您好，我这儿有一款……"

　　巴塔亚尔要讲的不是奶粉多便宜，也不是它的营养功效，而是一个故事："你好，我们商场现在正在售卖一个大品牌的婴幼儿奶粉，麻烦你进去了解一下吧。我是一名学生，来自某贫困山区，只是想利用暑假期间来做兼职，赚点学费。怎么样，你有兴趣过来了解一下吗？"

　　两天时间，三个人分别对60名陌生人进行了推销。结果莫雷只卖掉了2罐，而且还有一位顾客在买完产品后，咨询了退货的流程；米歇尔只卖掉了9罐；巴塔亚尔呢？他竟然卖出了30罐！而且其中有几位顾客还仔细询问了他的学业情况！"

　　对此结果，我们给出的结论是：赢得注意力的心理源并不复杂，只是由于人们喜欢听故事而已。人们愿意听到一个有意思的故事，并且对此给予足够的关注。

　　在这次试验中，创造了销售奇迹的巴塔亚尔正是依靠一个动人的故事打开了陌生人的心扉，人们为他的境遇担心，并愿意去帮助他完成学业。这是巴塔亚尔推销成功的主要原因。

因此，营销就是故事与故事之间的较量。无论是卖产品，还是推销你自己，能不能创造和提供一个被人喜欢的故事，决定了你能否实现自己的目标。

营销的实质，就是给顾客一个掏钱买东西的理由。而成功的营销就能给顾客一个让他无法拒绝的掏钱理由。在信息泛滥和观念多样化的今天，你若给顾客讲道理，只会招致他们的反感。因为人们总是对强硬的观念浸入感到反感。而故事则可以在不自觉间，让你的观念被消费者所接纳，这个前提是你的故事要讲得足够好，足够打动人心。

一个好的营销故事，可以为消费者找到一个理由，这个理由是人们心中最真实的渴求，也是最强烈的需要，或者是最不好意思拒绝的理由。当你能够创造出这样的故事时，也就意味着你赢得了市场，你的产品也就不愁没有销路。

巧妙"制造故事"，让客户竞相购买和传播产品

公司在关注用户需求的过程中，如果想让用户竞相购买和传播公司所生产的产品，就需要通过用户需求设置二维模型。简单来说，就是要有一个能够参考的模型，吸引公众的视线，使其在不知不觉间对公司的产品产生兴趣。比如当年海尔在大庭广众之下砸冰箱的事件，正是由于这个事件，才让海尔的知名度大大提升。

20世纪20年代，日本企业家后藤新平在东京成立了"西铁城"手表公司，然而在问世之初，无论后藤新平如何宣传他的手表，就是无法

取得消费者的赏识与认可，所以他举步维艰地经营了几年，却始终未能打开销售局面。

最后，后藤新平决定采用一种能让顾客有意愿去期待、参与，并且眼见为实的营销战术。1928 年初，后藤新平面向整个东京发布了一条令人吃惊的消息："请所有东京市民注意，我将在 1 月 15 日这天，动用一架直升机在代官山广场上空抛下一批手表，谁捡到就归谁。"这个消息一出来，人们都大为惊奇，几乎所有东京市民都盼望着这一天的到来，希望能碰上好运气捡到一块没有被摔坏的手表。

1 月 15 日这天一早，代官山广场就挤满了人，所有人都抬头看着天空，等待着直升机的出现。在时间到达 9：50 分时候，一架直升机远远地从天边飞来了，人们纷纷兴奋地大叫，当飞机来到广场上空的时候，百米高空的飞机下起了一阵"手表雨"，人们争先恐后地抢成一片，最后人们打开盒子，发现这些手表居然"大难不死"，还在正常走动呢！也正因此，人们在为自己抢到手表而开心的同时，更为这些"西铁城"手表的质量而吃惊。

就此一举，"西铁城"手表很快名声大震，一句"从飞机上扔下来也不会坏"的口号也传遍了整个日本。没多久，"西铁城"手表不仅成了日本人购买手表的首选，甚至还开始出口到许多国家。在后藤新平这种几乎无人能及的自信和智慧中，"西铁城"手表的市场终于被打开了。

案例中的手表公司在销售陷入僵局时，因为打破了传统的营销模式，成功运用"轰动效应"，巧妙地打开了市场，吸引了诸多的客户。在现实中，当传统的营销模式不能达到预期的效果时，要懂得转变思维。因为这是一个信息时代，如果你的产品能够引起客户的注意，公司的销售工作一定能够取得成功。

武汉一个小镇新开了两家餐馆，主打菜都是鱼。为了吸引顾客，双方都打出了"长江野生鱼"的广告，声称店内鲜鱼保证都是江上的渔船直接供货，为此，很多人都为了野生鱼的招牌而去，生意异常火爆。

但是随着两家店经营规模的不断扩大，仅凭渔夫送的鲜鱼已经难以保证食客所需，再加上近年来水域的污染，野生鱼资源越来越少，鱼价自然也是水涨船高。

张家餐馆老板为了避免亏本，无奈就提高了菜价，以致顾客数量锐减，生意日益冷清。而王家鱼馆老板头脑灵活，他认为不能贸然抬价。价格抬高，顾客数量一定减少，但也不能做赔本的买卖呀！怎么办呢？他便悄悄地以养殖鱼代替了野生鱼，因为价格低，吸引了不少的食客。

一天，王家餐馆因为客满，几个食客只好到了张家的餐馆。几个人坐下来点了几条鲤鱼，正吃着，其中一个人突然大叫起来，张老板闻声出来一看，只见一位食客被鱼嘴内遗留的钩伤到了嘴，鲜血淋淋。张老板赶紧与店伙计把受伤的食客送到了医院治疗。一阵忙碌下来，张家餐馆不但未收一分钱，反而倒贴了食客1000元医药费损失费。

王家餐馆的人见张家餐馆生意一蹶不振便暗自庆幸。间或在言谈中透出"看看他张家餐馆不行了，吃鱼还钩破了顾客的嘴，还有哪位不要命的食客也去送命"的幸灾乐祸。生意眼看做不下去了，张老板急得来回踱步，突然他脑子里跳出一个怪想法。

第二天，张家餐馆门前贴出了用大红纸书写的醒目的"致歉声明"，声明中说：本餐馆所供鲜鱼由于是渔夫从江中垂钓所得，致使鱼钩留在鱼嘴并逃过服务人员的检查，最终造成了鱼钩误伤顾客的事情。同时，张家鱼馆还保证今后避免此类事情再次发生。

"致歉信"贴出来没几天，情况发生逆转，张家餐馆食客大增，门店冷清变成了门庭若市。原来人们通过"致歉信"明白了张家餐馆的鱼是纯野生的，不然鱼嘴中怎么会有鱼钩呢？养殖鱼自然不可能有鱼钩遗留。而且，张老板敢于承认错误，说明张老板餐馆诚实守信，不唬人。至于鱼价调高的问题，钓的鱼肯定要比养殖鱼的成本高。

有好事者，专门到王家餐馆再仔细品尝，结果发现味道与张家餐馆的鱼不一样，事情传出后，张家餐馆的生意又重新红火起来。

原本是件令人心烦的事，反倒成了体现诚信的好机会！假如张老板不用逆向思维去挽救事态，那件"祸事"将变成致命的伤，饭店可能要以关门收场！人的思维最怕僵化，一旦僵化形成定势就会产生误区。如果总是按着一种思维模式做生意，只会让自己走入"死胡同"。而逆向思维的一个小小的转变却可以让人绝处逢生，生意由劣势变为优势。所以，在营销过程中，公司如果能够利用用户的逆反心理和逆向思维，便能达到吸引用户目光让用户竞相购买，并且传播的效果，在利用用户的逆反思维时要注意言行一致，让用户感觉到自己付出的热情是能得到强烈反应并予以回报的。我们还可以因势利导，引发用户的关注。在营销的过程中，一旦碰到僵局，就要抓住关键点，利用逆向思维吸引用户。

把故事讲到人的心坎里

当下，在营销界流行一个词叫作"storytelling"，直译成中文就是"讲故事"，其本质就是给自己的公司或产品赋予一个好听的故事，用喜闻乐见的方式表达出来，激发受众的阅读兴趣，搭建起品牌与客户之间的桥梁。

Daniel H. Pink 在《全新思维》一书中谈道：我们已经进入了一个全新的时代——一个建立在创造性思维全新的和全局能力基础上，以创意、共情、模式识别、娱乐感和意义追寻能力主导的概念时代，而不是以往以逻辑、线性能力为基础的信息时代。消费者接收信息的方式决定了在这个更强调服务和概念的时代，创新型和多样化的故事叙述将成为介绍产品、服务或品牌内涵最有力的手段之一，它有着连接品牌、产品和消费者的惊人能力。人们普遍都是以叙事性的方式进行思考，我们通过故事来建构、阐述与分享经验，这是人类的自然倾向。换言之，故事具有两大功能：首先，故事帮助人们感知；其次，故事帮助人们体会、评价和处理情感。

李宗盛从音乐人向制琴师的跨界，他翻越了一座人生的"山丘"。他给用户讲了一个《致匠心》的故事，引发了诸多人的情感共鸣，使很多人从中看到了自己，为这种珍贵的品质及专注于技艺而从容安定的内心状态所感动。因为这个故事，其品牌格调陡然上升。

如果钻石本身算作一个品牌的话，它在 20 世纪就讲了一个最好的故事，"钻石恒久远，一颗永流传"，从此成为忠贞不渝的爱情见证。有什么比讲一个精彩的故事更具吸引力，更加引人入胜呢？

脱离了广告，用平凡、平实的方式将情感直抵人心底，揭开我们内心的渴望，激励人的灵魂，这便是最好的营销故事。

运用故事营销的高明之处在于产品故事本身具有自我传播效应，当产品或品牌被故事承载后，产品或品牌便有了人格化或相关的属性，从而提升了产品或品牌的情感或个性。故事营销不但能将品牌信息及时、快捷和有效地表达，也更容易进入用户的内心世界形成强有力的品牌记忆符号。几乎每一个成功的品牌背后都有一个精彩的故事。凡是成功的品牌，都极擅长给它的目标受众群体讲故事，他们懂得品牌的历史、内涵、精神，并向消费者娓娓道来，在潜移默化中完成品牌理念的灌输。所以，一个好的营销就是讲一个好的故事。

对于公司或产品来说，在为消费者讲故事时，应该注意什么呢？

实际上，最好的公司会讲述两类故事来建立强大而持久的品牌。一种是创世纪故事，重点是公司的创业传奇；一种是顾客影响型故事，讲述公司的产品、服务给人们的生活所带来的积极影响与改变。同时，故事中一定要有鲜明的主题，比如一个励志与梦想的故事，这是当下热度一直不减的话题，也是普通大众最喜欢的精神食粮，它给人以精神上的激励和慰藉，给人鲜明的精神冲击力。同时，故事中一定要有个性化的人物、丰富且有冲突性的情节、感同身受的细节等，这些缺一不可。

最为重要的是，你所推出的故事必须要契合公司的产品。只有这样，才能给人以精神上的鼓舞、升华或者激起消费者的兴趣，让他们通过故事牢牢地记住你的产品或品牌，从而达到预期的传播效果。

每一家伟大的公司都是对某个真实存在的特定用户需求的响应，正如人们一提及梅赛德斯奔驰，便会想起"父随女姓"的故事一样。

19世纪末，一个名叫艾米尔·耶利内克的奥地利人在德国莱比锡出生。他是一个喜爱运动和对技术着迷的人，耶利内克还参加赛车运动，主要是尼斯赛车周。他的车队名字是以他女儿的名字命名的，叫梅赛德斯。梅赛德斯是一个美丽的西班牙名字，寓意是优美、慈悲。这个名字在当时汽车界很有名，但仅限于车队和驾驶员。

1900年戴姆勒公司与耶利内克签署协议，耶利内克向戴姆勒公司订购36辆总价值为55万马克的汽车，而后他又加订了36辆车。但是，他有一个要求。戴姆勒车的名字，用法语来说，鼻音太重，显得很笨拙。而梅赛德斯这个名字，法国人很熟悉，听起来也很令人舒心并且显得高雅不俗。鉴于这一大笔生意，戴姆勒公司同意专门为耶利内克开发新的汽车，并命名为梅赛德斯。随后这个品牌迅速崛起，很快成为世界上最著名的汽车品牌之一。

这神话般的一切促使艾米尔先生作出了一个决定：将家族姓氏由耶

利内克改为梅赛德斯。这可能是世界上唯一一个"父随女姓"的故事。但是这个故事告诉我们，人们在发展的过程中所付出的一切，以及品牌故事文化对于企业的重要性。"父随女姓"品牌故事文化的背后，是整个家族的付出，更是为了发展到强大让人印象深刻所需要付出的。

故事化营销具有向消费者传递品牌和产品信息，提升品牌内涵与影响力，使消费者产生对品牌的认同等功能。在当今信息过剩和营销概念层出不穷的美妆市场，消费者的认可与信赖无疑是最重要的资源。另一方面，品牌营销的终极使命，绝非仅仅是产品的销售和品牌知名度的打造，而是将品牌的精神根植于消费者的大脑，形成品牌信仰甚至终身消费的伟大品牌。一个全新的概念时代正在向我们走来，它将深刻地改变传统意义上的营销方式。故事是一种沟通方式，也是品牌和产品人格化的象征，没有故事，不成品牌。写出一个好故事，真正地连接消费者内心深处属于人性本质的情感板块，这或许是营销意义上的一种回归。

枯燥的产品介绍，不如给受众讲一个好听的故事

产品的营销离不开产品的介绍，而高明的营销专家认为：与其让受众看枯燥的产品介绍，不如给他们讲一个好听的故事。因为故事能够激励人并能让人产生情感共鸣，使听故事的人参与到价值观和信念的交流中，而不是直白地揭露或简单地告诉人们，价值观和信念是什么。在当下，互联网时代的故事营销，已经越来越成为一个人或者一家公司产品能否被广为人知的重要因素。

南方黑芝麻糊可以说是以情怀类的故事达到家喻户晓的代表之一，提及它，很多消费者的脑海中就会冒出家的味道和童年的味道，就会情

不自禁地想家，想起自己的小时候。

该故事在一片以橘黄色为基调的暖色中展开：典型的南方麻石小巷，橘灯摇曳，曲巷深处传来悠长的叫卖声："黑——芝麻糊哎——"，一个戴着棉帽穿着布衫的少年推门探出头来，不停地搓手、呵气，眼中充满了渴望；小担那头慈祥的大婶正将一大勺浓稠的黑芝麻糊舀向碗中，男孩急不可耐地搓手、咬唇，一副"小馋猫"的模样。当大婶把香浓的黑芝麻糊递给小男孩后，他便迫不及待地大口大口地吃，吃完之后将碗底也舔得干干净净，引得一旁碾磨芝麻的小女孩掩嘴窃笑，但他依然痴痴地望着锅中的黑芝麻糊。慈祥的老板娘充满爱怜地摸摸孩子的头，又把满满的一勺黑芝麻糊舀到孩子的碗中，在这极为温馨的气氛中，广告主题脱颖而出："南方黑芝麻糊，抹不去的回忆。"

该品牌的情感营销之所以如此的深入人心，便是因为他们将产品和温情以及家的味道紧密结合，传递出了品牌"一股浓香，一缕温暖"的理念，引发了消费者的情感共鸣，一切顺理成章，深得人心。

自此之后，南方食品公司又倾力打造了诸如"粗粮系列"、"豆奶系列"等五大系列的100多个品种的强势品牌，这些强势品牌又助力南方食品公司实现了一个又一个的突破。

一个好的产品营销，如果单纯地以枯燥的广告语做产品介绍，不如配上一个好的故事，尤其是那种带有情怀的故事，更能深入人心。在日常营销中，如何写出好的故事呢？

1. 讲好故事靠三情：情节、情绪和情感。

要讲一个能够深入人心的故事，逃不开有趣的情节，要将你想传达的产品特性，通过故事的方式娓娓道来，就要有感人的情节、真挚的情绪和打动人心的情感。

在物质极为丰富的时代，消费者购买产品看重的不仅仅是商品数量的多少、质量的好坏及价格的高低，更看重商品所带给自己的情感上的满足和心理上的认同。而情感营销就是从消费者的情感需求出发，唤醒和激起消费者的情感需求，与消费者产生心灵上的共鸣，寓情感于营销之中，让有情的营销赢得无情的竞争。

在互联网，信息大爆炸时代，各种广告信息铺天盖地，传统的广告套路已经难以吸引消费者的关注，与其"以理服人"，不如"以情动人"。因为情感通过触动人心，让人极易接纳。什么样的情感营销才能打动人心呢？即从用户的内心出发，感知他们对产品的看法及所寄予的情感要素，探究他们内心的特性与真实的情感需求，然后做到与他们感同身受，这是情感营销打动人心的前提。

锤子手机在营销时，罗永浩便讲了这样一个深入人心的故事。

他的文章《我不在家的这一年里》，本意是想表达手机具有远程遥控的功能，能够让在外远行拼搏的子女，教会老家的父母如何使用智能手机。但是如何按这个思路去讲故事，不免落入俗套。于是，他写了一个子女对父母愧疚的故事，这种愧疚情绪瞬时便激起了很多人内心隐藏的情绪。

2. 以目标为导向，确定故事类型与风格

体验型故事：即指对目标用户的使用场景的描述，更多地用于宣传新的产品、产品的新功能等等。

痛点型故事：从痛点出发的故事，既可以提高品牌的美誉度和满意度，也可以让产品和功能本身的核心竞争力更为凸显。

当下，许多城市纷纷颁布了"禁摩令"，城市中骑电动车自行车的人也越来越多。但每逢夏季雨水多的时候，因为排水系统的不畅，很多城市会出现积水。这种情况下，如何安全骑电动车涉水回家，成为了很多消费者的一大痛点。

某一电动车品牌，从消费者的这一"痛点"出发，研发出了防水的电动车。在该电动车上市的前昔，其在广告营销上，给消费者这样讲故事：在一个电动车专营店开展了一个活动，这个活动中比较吸引眼球的，是一个长方形的水箱，里面放了一辆已经发动的电动机。水箱外面有一句广告语："××就是牛，水里也能游"。很多顾客都被此吸引，路过的都会驻足观看。

这就是根据用户的"痛点"所进行的营销。电动车的性能都是大同小异，而该电动车的营销策划人员则能够捕捉到"水中游"这个差异化卖点，击中了消费者的"痛点"，立即就与竞争对手的产品区分开来。别的品牌可能也具备这个功能，但是却没能将这差异化功能很好地展示出来，便只能望而兴叹了。

情怀型故事：情怀是个好东西，它将一切从世俗上升到了理想、真情的高度，总是能够击中我们内心那块柔软的地方，勾起情感上的认可与共鸣。

3. 用人性打动人

我们很难想象一篇冷冰冰的八股文能够打动受众。一篇能够打动受众的故事可以包含励志、独特的人物性格和惊喜的反转，尽可能让读者产生代入感。

励志：读者往往更愿意相信一个有血有肉的英雄是通过不懈努力战胜失败，最后取得了成功。这就是为什么俞敏洪和马云复读多年的故事一直畅销的最大秘密。

要有独特的人物性格：随波逐流是观众眼中的"毒药"，因为缺乏特点的人物难以给人留下深刻的印象。《西游记》之所以被奉为经典，与剧中人物的独特性格有密切关系，甚至三四岁孩童都知道，孙悟空神通广大，猪八戒好吃懒做，唐僧唠叨迂腐，沙和尚木讷老实。

惊喜的反转：最有魅力的人往往是身上带有矛盾气质的人，总是能够在你意想不到的地方带来惊喜的人。我们读过《最后一片叶子》后，学到了欧·亨利式结尾，意料之外，又在情理之中。又如著名画家达·芬奇，他不仅能够创作出名画《蒙娜丽莎》，他还是文学家、发明家、建筑工程师等，无所不包，这不让人感到惊奇吗？

用故事征服客户：给人一个不好意思拒绝的理由

北京一家公司的营销人员在接受培训时，有位经理抱怨道："公司花了几千万的广告费，销售也跑断了腿、磨破了嘴巴，可就是没有什么回报。生意不好做，消费者也是越来越难伺候了。"还有另一家广告部门的主管感叹道："创意匮乏了，绞尽了脑汁，想尽了办法，就是没能想到好的推销方案。"在现实中，其实很多营销人员有类似的抱怨。他们觉得现在的消费者太难伺候了，无论采用怎样的办法，都无法达到令人满意的结果。随着市场的发展，很多营销方案和策略似乎已经被消耗殆尽，很难再想出新的花样来吸引消费者的注意力了。营销人员总是想如何去改变客户的想法。但是逆反心理是人性的一大特点，你越是强调产品的性能有多好，极力地劝说他们购买，人们却总是想把你挡在门外，这是最基本的营销心理学准则，但经常会被人遗忘。

我们实际应该站在客户的角度，去帮他们制造购买产品的理由：一个特别需要这个产品的理由，一个让人无法拒绝的购买理由。要做到这点，就需要一个好的故事予以激发。我们要让消费者觉得，他购买你的产品，不是因为你的产品足够好，而是因为你的故事讲得太好了，激发了他的某种情感需求，令他无法拒绝。如果消费者都为你的产品故事而感动，并且与他的实际需求相契合，即便你不是那么受人欢迎，他却依然愿意购买你的产品。

当中国的诸多冰激凌产品只是靠价格战和终端战来抢夺消费者的时候，哈根达斯却挖空心思最大限度地挖掘消费群体的"情感缺失"，通过满足消费者的情感体验来获得极高的市场占有率，因此这款冰激凌被赋予了"情感价值"，这种"情感价值"主要源于一个故事：

哈根达斯有一个女友，后来成了他的妻子。之前，女方家庭不同意女方跟哈根达斯结婚，就骗他说女方已经死了，当时这个消息是由哈根达斯的朋友转达，说女方忘不了哈根达斯所做的牛奶冰，于是，哈根达斯采集最好的水果，用精贵的食材每天做一个牛奶冰，眼睁睁地看着它融化，就像是天堂的女友在享用一样。有一天，一对情侣吵架了，女生说和男生再最后吃一次牛奶冰，于是她便拿起了哈根达斯摆在桌子上的那个牛奶冰，结果女生一口气全部吃完，哈根达斯也因此出名。这个故事，让哈根达斯冰激凌本身有了极高的附加值，一根哈根达斯产品的价格比普通品牌高出了 7～10 倍。

哈根达斯以"爱她就给她吃哈根达斯"的故事俘获了诸多少男、少女的心。对恋爱中的宝贝而言，与其说他们感受的是冰激凌口味的纯正，不如说是一种情感的体验。哈根达斯与玫瑰花一样，已经成了爱情的表白之物。

女孩子会对男孩子暗示"爱我就请我吃哈根达斯"。冷艳的外表，火热的内心，让产品成为情感的代言物，哈根达斯不仅仅是冰激凌，更是浪漫的象征。为了彰显这一"爱情观"，哈根达斯坚持以品质取胜，他们的奶油更多，口味更为绵纯，包装也更为精细。比如，象征思念和爱慕的马达加斯加香草，象征甜蜜和力量的比利时巧克力。哈根达斯从产品设计、手册、海报、选址、装修、灯光、色彩都力求传递出浪漫而愉悦的体验。

在物质极大丰富的今天，人们越来越向往单纯、美好的爱情，而哈根达斯则通过对人们这种情感缺失的挖掘，将产品赋予爱情、表白的文化内涵，提升了其品牌竞争力。

在这个世界上，每种产品都在做广告，优质的创意铺天盖地，金点子也是层出不穷，同类产品交错繁复，你该如何让人记住？如何才能让你的产品脱颖而出？答案就是，让你的产品联系实际，让你的创意夺人心魄，让你的故事使人不好意思不买你的产品。

Levi′s 给出的创意，是一个性感男人如何打动一个风华绝代美女的爱情故事，男人如果没有一条 Levi′s 牛仔裤，就失去了追逐美女的信心。

Zippo 给出的创意是一个打火机与美国勇士的故事，男人如果没有随身携带一个 Zippo 的打火机，感觉自己就不是勇士，甚至失去了男性的阳刚气质。

LV 给出的创意是尊贵与专宠的代名词，讲述一个普通人如何才能被大众拥戴，成为高贵的象征，女人被这样的故事征服，被这样的渴望控制，就会为此不惜一掷千金。

将故事讲好，创意让顾客不好意思拒绝你的产品，的确可以增加品牌的知名度、影响力和销量。很多时候，好的故事就似一粒种子，它可以让品牌披上情感和文化的"嫁衣"，悄无声息地植入到消费者的头脑中，让它在消费者心中发芽生长，消费者自己在口口相传的过程中，自觉地就会为你的故事添砖加瓦，为你的产品壮大声势。这时，你的故事和产品已经成为他们情感的一部分，他们看重的不再是产品的质量，而是情感的满足和心理的认同。

所以，去为你的产品编写一个故事吧，从目标人群的情感需求出发，去唤起和激发他们的内在需求，与他们产生心灵上的共鸣，然后给予他们一个可以说服自己购买的理由。这时，你何愁营销不成功呢？

用故事激发出人们的情感共鸣

一位营销达人说，品牌营销的最高境界不是用产品"黏"住用户，而是通过适当的营销方式与用户建立起极为牢固的私密关系，成为"相见恨晚"、"情投意合"，甚至"肝胆相照"、"两肋插刀"的朋友，即借由品牌让消费者的消费变成"自发、自愿"的行为，通俗来讲，就是让品牌成为"姜太公钓鱼"的鱼钩，让品牌成为承诺，成为偏爱，成为依赖，成为新娘嘴里的"我愿意"。

从营销学的角度分析，品牌诞生的重要意义，就是为了与消费者交流，它作为公司产品或者服务的象征，承担的是沟通与交流的使命，它的目的在于获取认同、喜好、消费和忠诚。拍出《蝙蝠侠》《雨人》《午夜快车》等多部卖座电影的制片人古贝尔说道："在当今的世界中，每一个人都是通过情感的交流去做生意。所以对于一个企业家来讲，要想用一种最好的方式来促成自己的生意，就是讲述一个令人信服的故事。当你拥有了讲故事的能力，你也就具备了竞争力。"

在这段话中，古贝尔提及了一个要素：故事具有情感交流的功能。因此，要想让你的品牌或产品与消费者达到一种情感的交流，可以通过讲故事的方法去实现。不可否认，一个好的故事可以提供这种交流，加强人们的情感联系；而坏故事则会破坏这一切，把人们的情感活动搞得极为糟糕，让人高兴而来，败兴而归。

芝华士是全世界最早生产调和威士忌并将其推向市场的威士忌生产商，同时也是威士忌三重调和的创造者，在三重调和市场，很多人之所以知道芝华士酒，都是源于一则感人至深的父亲节广告文案，其内容如下：

因为我已经认识了你一生。

因为一辆红色的 Rudge 自行车曾经使我成为街头最幸福的男孩。

因为你允许我在草坪上面玩蟋蟀。

因为你总是在厨房里腰上围着茶巾跳舞。

因为你的支票本在我的支持下总是很忙碌。

因为我的房子里总是充满书和笑声。

因为你付出无数个星期六的早晨来看一个小男孩玩橄榄球。

因为你坐在桌前工作而我躺在床上睡觉的无数个夜晚。

因为你从不谈论鸟类和蜜蜂来使我难堪。

因为我知道你的皮夹中有一张褪了色的关于我获得奖学金的剪报。

因为你总是让我把鞋擦得和鞋尖一样亮。

因为你已经 38 次记住了我的生活，甚至比 38 次更多。

因为我们见面时你依然拥抱我。

因为你依然为妈妈买花。

因为你有比实际年龄更多的白发，而我知道是谁帮助它们生长出来。

因为你是一位了不起的爷爷。

因为你让我的妻子感到她是这个家庭的一员。

因为我上一次请你吃饭时你还是想去麦当劳。

因为在我需要时，你总会在我的身边。

因为你允许我犯自己的错误，而从没有一次说"让我告诉你怎么做"。

因为你依然假装只在阅读时才需要眼镜。

因为我没有像我应该的那样经常说谢谢你。

因为今天是父亲节。

因为假如你不值得送 CHIVAS REGAL 这样的礼物。

还有谁值得。

这段文字，将感人至深的父子情感与 Chivas Regal 紧密地联系在一起，可谓获得了极大的成功。某些人从这段文字中读出了感伤，而另一些人则从中读出了感动，大多数人则是因为这段文字牢牢地记住了 Chivas Regal。

用一个好听的故事激发出消费者与产品或品牌的情感共鸣，可以让消费者得到除消费以外的情感体验和获得相关的生活态度，这种联想会让消费者与品牌之间产生一种共鸣与认同感。因此，一个成功的品牌是由无数人感人至深的故事构成的。在生活中，我们该如何为自己的产品或品牌"炮制"一个好的故事呢？

在现实中，很多品牌故事并非是人为编造、复制出来的，很多感人至深的故事都源于企业对品牌的关注程度，包括诸如举办各种赛事、推广活动、社会公益活动以及在产品品质上的人性化措施。所以，我们要想为自己的品牌写一个好听的故事，那就要仔细地回忆你的产品从诞生到发展的历程中，包括在为顾客服务中，所发生的那些感人的故事，将它们进行再创造，进而形成一个感人至深的故事，然后采用营销手段使之得以流传。

要"编造"出这样一个故事，需要确定一个"具有人类共同情感"的主题，比如讴歌自由、梦想可贵、奋斗至上，不轻言放弃等情感主张，同时，还要深度地挖掘那些还未被商业开发的人类共有的情感，比如"探秘"情绪、解决痛点等，从而去打动人心。

把握几个要素，让你的"故事"得以疯传

在营销场上，故事能赋予产品极大的"传播"威力，但是，对于很多营销人员来说，关键问题是：如何才能讲出一个动人的故事？其实，好故事都是有共性的，只要你把握住这些"共性"问题，你讲出的故事便很容易得以疯传。

1. 必须要有一个打动人心或能触及灵魂的故事主题

李宗盛的故事主题是精益求精的匠人精神，褚橙的主题是老当益壮，绝地反击。正如每次做营销都要有一个明确和清晰的目标一样，每个好故事也都需要一个清晰的主题，而且这个主题要符合人类共同的情感需求，能触及人性弱点。

依照马斯洛需求层次理论，这个主题不能仅仅停留在生理、安全层面，要从情感、尊重、自我实现开始构建，褚橙就是一个自我实现的故事，75岁仍然从头开始，追求实现自我；另外一种主题是自我升级，不满足于现状，努力地改变自我，比如产品的创始人在绝境中成功逆袭的故事；第三种是不停地超越自我，带有满满正能量的设定。

2. 要懂得构建冲突

一个好的故事一定要跌宕起伏，这样的剧情更需要冲突来构建。因为只有留有遗憾且冲突明显的情节，才更能激起人们心灵的激烈情绪，比如愤慨、遗憾、同情等，从而给人留下极深的印象。

白蛇传之所以广为流传，不仅仅是因为白素贞报恩以及她与许仙的爱情故事，更是因为法海从中阻挠，让人产生了愤恨情绪；如

果孟姜女完婚后与丈夫过上幸福的生活，那就是一个再普通不过的故事了，正因为洞房当天丈夫被抓，孟姜女寻夫，哭倒长城，才成为了好故事……这些正说明，好的故事需要激烈的冲突。要制造这种冲突，你可以故意在故事中设定一个"清晰的反派"，比如法海、秦始皇等，那些否定、讥笑或反对你的人，都可以给故事带来激烈的冲突；同时，也可以是知识缺口的冲突，比如知识的匮乏或缺口，这都可以激发好奇心，而弥补知识的过程就是传播的过程。因此，我们可以借助知识缺口去制造冲突，正如褚时健75岁本该颐养天年，却重新去创业，并获得了巨大的成功。

你的故事中当然可以设置多个冲突，比如你在创业过程中遇到的种种困境：缺少资金、家里人反对、周围的人不支持等。这种强烈的冲突可以激发人们对你的同情，给人以激励作用。

3. 用"细节"将你的故事完善，增加故事的感染力

一个好的故事，不仅需要有冲突，有跌宕起伏的剧情，还需要有人物刻画、人物细节的描写、环境描写等等。比如有关褚橙的文章中描写85岁的褚时健，身穿一件背心，背心上有些泥点和汗渍，脚上是一双凉拖鞋，来见从北京远道而来的客户。再比如褚时健弯下一点腰说："从树下面看，地下是光的、空空的，风能刮进来。通风的目的在于降低潮湿度，土壤吃水量一般在 60% 左右，但它到 80%，就影响果子了。"再比如生活中，创业人士说成功率低于 1% 时乌云密布的环境描写，还有建立公司时，露出的笑容。这些细节能给人带来强烈的画面感，增强了故事的感染力。

对于以上三点，重要的是在实践中能够准确地运用。比如我们讲一个陕西白吉馍的故事。

第一步，设置一个感人的主题：互网联大佬的家乡梦。

其次，需要设计冲突。

第一个冲突：一位做互联网的大佬，在美留学后，曾就职于谷歌，后来因为要照顾双亲，毅然回国，就职于百度、腾讯等大型的互联网公司。突然有一天，发现所有的这一切经历，居然都抵不过一个白吉馍在自己心中的影响力。年少求学时，那只是每次成绩优秀时才能享受到的美味，然而世界各地的同类小吃都无法诠释那种小时候的回忆和味道。

第二个冲突：他毅然辞去年薪几十万的工作，开启了做出正宗家乡味道的旅程，为了做出正宗的白吉馍，尝遍了陕西境内的各种白吉馍的味道。每天消耗几十斤面，上百斤肉、上百斤大葱来研制正宗的白吉馍。

然后，是细节的刻画。

调配白吉馍馅料的时候，应该侧重描写如何配比瘦肉、肥肉、青椒、盐，以做出最佳的口感；在做馍的时候，必须要放弃传统炉火烤制的方法，因为北京很多地方不让动用明火，而且炉火烤制容易烤焦，也不够健康，如果直接换成电烤箱，又容易失去馍的酥脆口感。经过数百次的反复测试，终于做出了当年的味道。对自身的描写，包括因为太过专心研制秘方，造成轻度的神经衰弱，半年里每天都坚持自己和面，瘦了快 30 斤，完全变了个人。

最后终于做出了白吉馍，欢迎大家前来品尝梦想的味道。

以上的案例很多人可能曾经听说过，很多"新产品"还未正式露面就被好的故事抢尽了风头，被人们疯传，这便是掌握了写好故事的三步技巧：好的主题＋自然的冲突＋细节刻画，用好这三个关键点，你也能写出好的故事。

如何讲好一个故事：
讲故事的诀窍与方法

　　掌握了故事在管理中的实际运用后，身为管理者最应该掌握的一个技能便是如何才能讲一个好故事，即要掌握讲故事的诀窍和方法。本篇通过阐述故事的实际意义，详尽地告诉管理者，如何通过人物的塑造、情节的展现，叙事观点的选择，以及叙事技巧、场景、对白的运用等针对性地练习，去把一个故事讲好。同时，还会有针对性地告诉你，如何才能准确地把握好讲故事的时间，以及如何去精进自己的故事，进而更有效地运用到自己的日常管理工作中。

第七章

故事力是"积累"出来的：
故事能手的几项修炼

在现实中，很多管理者很想讲好故事，但不知该如何去讲故事。事实上，要掌握讲故事的基本技能，首先要从"贮存"故事开始，即通过生活的积累去发现好故事，并将之贮存在自己的头脑中，然后再成功地将它运用到管理中。

故事的"贮存"方法是多种多样的，比如你可以通过聆听别人讲故事，总结自己的人生故事，也可以从电视、书籍中搜集故事，通过加工，将它们变成自己的故事，然后再通过练习，在适当的时候将它讲出来。

成为故事高手的第一步：积极地"贮备"故事

在现实中，很多管理者常会抱怨：我每天生活单调，除了回家、吃饭、睡觉，就是在单位待着，几乎没有什么事情称得上是故事。这种想法是非常错误的，其实我们每天都在以不同的姿态与"故事"打交道。比如，你在上班路上买早餐时遇到了离奇事件；在堵车途中的见闻；你浏览新闻时无意间发现的好故事；下班后，在电视中无意听到的故事等，都可以将它们当作收集的素材。

为了更好地收集故事，你需要问自己几个问题来促使自己思考，以及花几分钟时间静静地总结你一天的生活，你可以从下面的三个问题问起：

1. 今天对你来说，印象最深刻的一件事情是什么。

2. 有没有听到相关精彩的故事。

3. 有没有看到或读到精彩的故事。

回答了这几个问题，你就可以从你的生活中挖掘出几个潜在的故事。对于它们当中的每一个故事，你都要问自己这样的一个问题：这个故事能给人带来怎样的启示。

对于管理者而言，如果这个故事能够帮你达到启示工作的目的，那么你就值得尝试去讲述它。如果实践证明它是有效的，你就可以把它作为备用的故事了。

你可以使用传统的办法，用纸质的笔记本将它们记录下来，也可以新建电子文档，不断地往里面添加故事。记录一个故事，只需要花费极短的时间，比如 5 分钟的时间。但是，你不要忘记用一些时间来细细品味你所搜集到的故事。为了养成习惯，你需要安排一个专门的时间来做这件事情，比如吃过晚饭后或者睡前喝完水之后，你可以先定一个小目标，坚持做一个星期，然后再延长时间。这样坚持一个月，你就可以搜集到不少备用的故事。同时，你要将这些故事进行整理、分类，然后试着将它们讲出来，这样就可以随时随地地在管理工作中加以运用了。

德尔蔓·约翰是纽约一家金融公司的中层管理者。他给人的印象是：健谈、温和，他属下有 36 名员工，个个都是金融业的精英人士，每个人都精神抖擞，工作效率极高。每当有人在他们面前提及他们的上司德尔蔓·约翰先生时，他们更会由衷地竖起大拇指。能让这些精英们个个"臣服"，德尔蔓当然有自己的一套管理方法：那就是不时地给他们讲故事。

他的大脑完全是个"故事库"，里面可能储存着成千上万个故事，因为在六年的管理工作中，他已经给他的属下们讲过几百个故事了，这些故事有的源于报纸，有的源于个人经历，有的源于他身边发生的事情。总之，每当遇到管理中稍棘手的问题时，德尔蔓总会从他大脑中调出一个恰当的故事讲给他的下属们听，进而顺利地解决问题。这些年，他都在坚持贮备故事，每周都会将自己听到的，看到的所有故事，整理一遍，并单独地存在自己的一个专用电脑文件中，这个习惯他已经坚持了近 15 年。在平时的生活中，只要有闲暇时间他就会给孩子们讲他存的那些故事，并且能讲得妙趣横生……他的生活智慧和一些绝妙的管理方法都源于这些故事的积累。

不可否认，积累和贮存故事，就等于在积累和贮存智慧，所以，你想要成为故事高手，一定要养成好的贮存故事的好习惯，如果你能像德尔蔓一样坚持下来，总有一天你会发现，自己贮存的是一笔宝贵的财富，不仅在管理中，它还能解决你生活中的诸多棘手问题。

搜寻、记住和构思故事，并且将它讲出来

要讲好一个故事，最直接、最简单的方法，就是私下里积累或搜集素材，然后将你听到的或看到的好故事铭记于心，然后再运用自身的知识，将其演化成你自己的故事，并在适当的场合讲给大家听。

身为管理者要做到这些，你首先需要懂得分辩和判断故事的质量。肖恩·卡拉汉在其著作中提到，就故事的影响力而言有以下几个层次：

1. 一般的故事给人在记流水账的感觉；

2. 好的故事给你画面感。

3. 最好的故事会抓住人灵魂，给人以启迪和感受。

一个好的故事，首先一定能够引发大众的情感共鸣。正如威廉．E. 布隆代尔在《华尔街是如何讲故事的》中的经典名言所揭示："所有被称为伟大的故事，都来自伟大的创意，几乎所有伟大故事的创意中，都有一种人性的展示。"判断一个故事的好与坏，你只要将故事讲给周围的人听，只要看一眼他们的表情，你就能够知道，这个故事是否已经抓住了他们的心。当你听到一个好故事，想将它讲给你的属下听时，你要考虑是否加入与工作密切相关的启示，因为很多故事都可以用在管理上。所以，要练就自己讲故事的能力，就要学会去搜寻故事。

一般来讲，你要搜寻到好故事，可以通过以下几个途径：

1. 你要让自己置身于讲故事的场景当中。你可以去员工餐厅，可以去附近的饭店，可以步入走廊，加入他人的谈话。你还可以在开会前提早到会场，听听大家的闲聊，或者在活动结束后留下来。

当你听到周围的人在讲故事时，你要留意听到的故事是什么样的故

事：时长有多少，故事的主要内容是什么，里面有哪些人物，谁是主角，谁是反派。同时，你要问自己：故事给了你怎样的感受？故事有什么地方给了你触动？把令人感动的故事默默地记下来。这样的故事便是有力量的故事。正如美国作家、诗人马娅·安杰卢所言："人们会忘记你说了什么，也会忘记你做了什么，但是却永远不会忘记，你让他们感受到了什么。"

2. 要多读书，读好书。许多管理者更容易获得好故事、新思想，所以他们能讲出故事，也能讲出好的故事。所以，身为管理者，要讲出好故事，就要懂得充实内在知识。

读书还可以让人有开阔的思路、广阔的思维空间，这种知识的沉淀有利于管理者日常生活中重新去构思一个新的故事。

3. 学着去构思一个好故事。除了听别人的故事，最为关键的是要学会去构思一个好故事。在构思的时候，首先一定要明白，你要讲的故事的主旨是什么。然后将人物、事件整合在一起，再将感情色彩和感官细节进行叠加，从而构成一个整体。

在构思故事的时候，适度地"制造"矛盾和冲突，也很重要。荷兰叙事学理论家米克巴尔强调："对立就是结构。"对立结构可以有效地推动故事的发展，同时将正邪、爱恨等不可调和的矛盾放入同一个故事框架中，会让故事和故事中的人物都更为动人、更加丰满。

身为管理者需要注意，很多时候讲故事，并不是在说过去，而是要懂得和听故事的人一起模拟未来。脑科学家认为，人类思维和动物的根本区别就在于我们能"看到"未来。

这实际也是长期进化过程中的需要所致。在原始的丛林中，充满了无法预知的危险，谁能够预见可能的结果，在瞬间做出反应，谁就有更好的生存机会。在瞬息万变的现代社会，能否成功在某种程度上取决于我们模拟未来事件的能力。我们在听一个故事或看一部故事性的影视剧时，总是会情不自禁地模拟未来，我们会自己设想将是什么结果——即使我们不知道大脑在做这样的模拟。我们对自然和社会的常识，让我们可以预见结局，但这个故事最终却给了我们一个完全意外而合理的结局时，我们便会心满意足。故事就是这样来满足我们内在的情感需要。所以，我们在构思故事的时候，一定要让听众"看到"未来，这样才能构思出一个"好故事"。

最拙劣的莫过于：逐字逐句去背诵故事

现实中，一些故事力极强的管理者，尝试了各种方法都无法使属下那些"不听话"的员工心服口服，于是，他想尝试运用故事来"教育"他们。但因为平时没有故事素材的积累，便想出"临时抱佛脚"的办法：找一个有代表性的故事，然后，记住它，在会议上再将它背诵出来。对管理者而言，这显然是一种拙劣的办法。

很多在现场"背诵演讲"的管理者，多是出于保护自己的目的，为了避免在听众面前大脑一片空白。但是，如果你一旦采用这个拙劣的方法，可能会毁了你在员工面前的形象。

詹姆斯是洛杉矶一家文化公司的中层管理者，他平时是个比较健谈的人。有一次，上司让他在感恩节为全体员工做一场"感恩企业"的演说。为了使演说更精彩，他准备讲一个感恩的故事。但遗憾的是，詹姆斯平时没有这方面的知识积累，要想现场讲出这样一个故事，确实是件不容易的事。于是，他想了一个极糟糕的办法：找一个具有代表性的故事，再现场将它背出来，不就可以了吗？当他想出这个办法后，心中不由得一阵窃喜，因为第二天一大早他就要开始这场演讲了。

他准备的是一则感恩故事，故事名为《费洛尔的施舍》。他将故事逐字逐句背诵下来，并在前一天晚上预讲了几次。第二天一早，詹姆斯便西装革履地上台了，当他刚说出题目"今天我不想给大家讲大道理，只想给大家讲一个普通人的施舍的经历……"然后，他的脑中就一片空白。岂止是空白？简直是一片漆黑。绝望之余，他只好用自己的语言来讲这个故事。当台下响起雷鸣般的掌声时，他简直不敢相信。从那天起，他再也不去背诵故事了。他最多只是做一些简单的记忆，然后再用自己的语言讲给员工们听。

去记忆故事，并将其背下来的管理者，不但在浪费时间和精力，而且很容易导致失败，使故事失去了感染力和启迪或教育意义。因为我们平时与人讲话都是很自然，从来不会费心思推敲字眼。我们随时都在思考，当思维清晰时，语言就会像我们呼吸的空气一般，不知不觉就自然地流出。

温斯顿·丘吉尔也是通过教训才学到这一课。丘吉尔年轻的时候，也经常在国会当众给人讲故事。刚开始，因为故事素材匮乏，他便尝试着去背诵故事。

直到有一天，他正在英国国会上背诵一则小故事，突然思路中断，大脑一片空白。他感到了尴尬和羞辱。他重复了上一句话，但还是想不出下句。他的脸立即涨得通红，只好颓然坐下。从此之后，丘吉尔再也不背诵故事了。

如果我们逐字逐句去背故事，面对台下的员工或者上司，很容易在稍有紧张的情况下忘记故事。而且即便你具有超强的记忆力，没有忘记，讲述的故事可能也很呆板。原因在于它不是发自我们内心，只是出于记忆。没有自我情感渲染的故事，讲出来怎么会有感染力呢？我们私下与人交谈时，或者试图去说服别人时，总是会将你想说的脱口而出，不会去逐一留意词句。既然我们平时是这么做的，现在为何要去改变呢？如果你去背故事，那很可能会重蹈琼斯的覆辙。

琼斯毕业于英国一所著名的艺术学校，后来成为世界上最大的保险公司之一——平衡人寿保险公司的副总裁。多年之前，他应邀在西弗尼亚的白横泉召开的平衡人寿公司代表会议中发表演讲，来自全美的两千名代表会参加大会。当时，他从事人寿保险才两年时间，可是已经非常成功，所以他被安排发表 20 分钟的演说。

琼斯十分兴奋，他知道这会让他的声望大增，大大提升他在公司其他高层管理者心目中的个人影响力。然而，可惜的是，他却将故事写好后，再去背诵。他对着镜子演练了 40 多次，对一切都做了精心的准备：每一句话、每个手势、每个表情……他都认为很完美。

可是，当他站起来的时候，感到一阵恐惧。他说："我在本计划的职位是……"然后大脑便一片空白。在慌乱之中，他后退了两步，想重新开始，但脑子仍旧一片空白。于是，他再退后两步，想再次开始，一直这样重复了 3 次。演讲台有 4 英尺高，后边没有栏杆，距离墙壁只有 5 英尺宽。所以，当他第四次后退的时候，摔下了讲台，跌进了隔缝中。台下的员工们都哈哈大笑，有一个人还笑得跌下椅子，滚到了走道上。在平衡人寿保险公司出现这种滑稽的表演，可谓是前无古人。更让人惊奇的是，台下员工真的以为这是公司特意安排的助兴节目。平衡人寿公司的一些资深员工还在津津乐道他的演出。

可是琼斯真的感到尴尬极了，他说，那是他一生中最丢脸的事情。他觉得万分羞愧，当即写了辞呈，想至此完结他正风光辉煌的事业。

但是琼斯的上司说服了他，并且撕掉辞呈，帮助他重建自信，重树在公司中的威望。后来，琼斯发奋努力，最终成为公司数一数二的演说高手。不过，他再也不去背故事了。

身为管理者，我们也应该以此为戒。当你将一个故事烂熟于心后，你在讲述时会因为呆板、僵硬、缺乏生动性和人情味，而使故事无法发挥出它的影响力。

林肯说过："我不喜欢听枯燥乏味的说教。当我听人布道时，我喜欢看到他像在跟蜜蜂搏斗。"他喜欢听那些随意且激情澎湃的演说。在员工或上司面前背故事，绝不会表现得像跟蜜蜂拼命一样。

故事开讲前，你的准备工作真的做足了吗

一些故事力稍弱的管理者可能有这样的疑问：我搜集了故事，可又不能将它们背出来，那在讲故事前，我究竟该做哪些具体的准备呢？

有些管理者确实善于管理，但不一定个个都是"演说"大师。他们或许因为恐惧心理，也可能因为表达能力弱等原因不善于当众讲话。但他们还想用故事来解决管理难题，在搜集或掌握了一些故事素材后，还需要具体做些什么才能保证自己在员工面前的表现完美无瑕呢？还有一些管理者，自恃演说能力强，便在丝毫不做准备的情况下，草率地去给员工讲故事，最终却"栽了跟头"。

几年前，一位显赫的美国政府官员在纽约扶轮社的午餐时担任主讲人。他本想讲一段自己的日常，让大家了解他部里面的一些情况。他自恃自己有绝佳的演说口才，事先根本没做准备，便草草上台了。

当他上台后，看到台下的听众，突然觉得不知道具体该讲些什么。于是，他从口袋里掏出一个小笔记本。但是笔记内容非常地混乱，就像一卡车碎铁片。他手忙脚乱地翻着笔记，说话时更显得尴尬而笨拙。时

间就这样一分一秒地过去，他越来越绝望。他不停地向大家道歉，还想从笔记里找出一点头绪来。他用颤抖的手端起一杯开水，凑到发干的唇边。此情此景实在是惨不忍睹：他完全被恐惧击倒了，因为他没能提前做好准备。最后，他只好坐下来。这时，他在大家心中的影响力逐渐地降低。他也因为自己没有做准备贸然去演说而悔恨不已。

身为管理者，无论你的口才多么好，准备的故事如何精彩，都需要事先做好充分的准备。这样才能让你在面对众多员工时，自信满满。那些在事先不做准备的人，正如上战场不带武器，或者不带半点儿弹药，又何谈攻城略地呢？正如丹尼尔·韦伯特所说："如果他不做好准备就出现在听众面前，就像是没有穿衣服一样。"

具体而言，在故事开讲之前，你需要做以下几点准备：

1. 做好故事搜集后，预先汇集整理你的思想

在当众讲故事前，要对故事中的思想、理念、感悟等进行汇集和整理。真正的准备是你对故事整体寓意的思考。查尔斯·雷诺·布朗博士多年前在耶鲁大学演讲时说："谨慎思考你的故事，将它酝酿成熟之后，它会散发出思想的馨香……再将这些思想简要地写下来，表达清楚即可……通过这样的整理，那些零散的片段就很容易安排和组织了。"这些听起来并不难吧？事实上确实不难，只需要一点专注和思考就行。

2. 在朋友面前预讲

当你做好准备之后，要不要试讲一下呢？完全有必要。这可以保证万无一失。用日常交谈的话语，将你的想法告诉朋友或者同事，不需要全部讲出来，只需要在吃午餐时朝他倾过身去，这样说："乔，你知道我遇到了一件不同寻常的事，我想告诉你。"乔可能愿意听你的故事。这时你要观察他的反应，听听他的想法，可能他会给你提出有价值的建议。他并不知道你是在预讲，而且即便知道也没有关系，他或许会说

"聊得真痛快"。

杰出的历史学家艾兰·尼文对作家也有类似的忠告："找一个对你的题材感兴趣的朋友，把你的想法详尽地告诉他。通过这种方式，你可以发现可能遗漏的见解、无法预料的争论，并且找到最适合讲述这个故事的形式。"

3. 给自己以积极的暗示

在朋友面前预讲完后，你还要确信自己讲的这个故事对解决你的管理难题是有用的，你必须要具备这样的积极态度，并以此来激励自己、坚信自己。要想让自己确信这一点，你就要仔细地研究你的故事，抓住故事中隐藏的深层的意义，问问自己，如何才能帮助员工在听完你的故事后，使你的影响力进一步得到提升。

在故事开讲之前，你要将注意力完全放在这个故事中，让自己完全融入故事，不要总是想员工会不会感兴趣，自己能否讲好。你要给自己以积极的暗示：这个故事来自你的人生经验，来自你对生活的思考，没有比此时讲这个故事更适合的时机了。现代心理学家们认为，这种由自我暗示而产生的动机，即便是假装的，也会成为人们快速学习的最有力的诱因之一。因此，根据事实所做的真诚的自我激励，效果就会更好。

胸有成竹，方能增强故事的感染力

美国著名的心理学家威廉·詹姆斯曾经做过这样一番论述：

"行动似乎产生于感觉之后，但事实上却是与感觉并存的。行动在意念的直接控制之下，通过制约行动，我们也可以间接地制约不受意念直接控制的感觉。因此，假如我们失去了自然的快乐，那么，变得快乐的最佳方法就是快快乐乐地坐着或者说话，好像快乐本来就存在一样。如果这种方法还无法使你快乐，那就没有别的办法了。所以，要让自己感觉很勇敢，就要表现得真的很勇敢，运用所有的意念去达到这个目标，那么勇气就很可能会取代恐惧。"

詹姆斯这段忠告告诉我们，当你去"假装"快乐和勇敢时，你就会真的变得很快乐和勇敢。对于管理者来说，讲故事需要勇气，只有讲述者在不缺乏勇气、信心百倍的情况下，讲出的故事才具有"真实性"，有"信服力"和"感染力"。

当你在面对你的员工时，不妨表现出你已经信奉了这个故事带给自己的启示和智慧，然后你也会传递给他们的感觉。前提是你做好了准备，否则再怎么表现也不能起作用。如果你对自己要讲的内容已经了然于胸，那就轻松地走出来，做一次深呼吸。深呼吸30秒，可以给你提神，给你信心和勇气。杰出的男高音简·德·雷斯基常说，如果你气充于胸，可以"胸有成竹"，你原本的不自信和怯懦感便会消失。

身体站直，看着员工的眼睛，然后信心十足地开始讲故事，好像他们每个人都欠你的钱，他们聚在那儿只不过是请求你宽限还债的时间。这种心理作用会对你大有帮助。

西奥多·罗斯福讲述了他从怯懦于当众讲话到成为演讲高手的故事。

他在自传里写道："小时候我总是病恹恹的，又很笨拙。年轻时候，我最初既紧张又缺乏自信，这种怯懦的个性，致使我说出的话都没人能够相信。我为此苦恼极了，因此不得不艰难而辛苦地训练自己，不只是对身体，而且对灵魂和精神进行各种训练。"

幸运的是，他揭示了自己蜕变的经过："孩提时代，我在马利埃特的一本书中读到一段话，给我的印象极为深刻。这段话描述了一艘小型英国军舰的舰长向别人讲述如何才能做到无畏无惧。他说：刚开始的时候，每个人想有所行动，但都会感到害怕。应该学会驾驭自己，让自己表现得毫无畏惧。这样持之以恒，原先的假装就会变成事实，通过这种练习，就会在不知不觉中真的变成无所畏惧的勇者。

"这便是我训练自己的理论依据。刚开始的时候，我害怕的事情太多了，从害怕别人不能耐心地听我讲话，到大家取笑我口齿不清……慢慢地，我开始在人前练习。慢慢地，我发现，每当我自信满满地向大家讲我的个人经历或日常听到或见到的小事情的时候，我觉得我自己与那些故事情节完全地融为一体了，我开始坚信故事能带给听众以震撼力，因为当我在讲它的时候，里面的情节正在震撼我的心灵……果不其然，每当我讲完后，听到台下雷鸣般的掌声和看到一些听众对我竖起大拇指时，我意识到，我完全战胜了自己，成为讲故事高手了。就这样不断地练习，慢慢地，我真的不再害怕，大家若是愿意，也能做到像我一样。"

克服当众讲故事的恐惧，树立足够的自信心，胸有成竹地将故事讲给你的员工时，你自己也会不自觉地融入到故事之中，深受感染，这个时候，你就不用担心你的故事不能解决你的管理难题了。要练就这种本领，并非一朝一夕的事。当你敢于接受这项挑战时，就会发现自己的人品正渐臻于完善，那种战胜恐惧和怯懦后的自己，会让你的人生脱胎换骨。

一位销售主管这样写道："在员工面前讲了几次自己亲身经历的故事后，我觉得我可以应付任何人了。一天早上，我走到一个特别凶悍的买主面前，当他还没来得及说'不'时，我已经把样品摊开在他面前的桌子上。结果他给了我一份最大的订单！"

一位家庭主妇说："我原本不敢请邻居到家里来，我怕和客人不能融洽地交谈。但是自从上次，我在三个孩子的面前，给他们讲了一个精彩的故事，听到他们对我的称赞后，我决定开一次家庭舞会。那次舞会非常成功，我往来于宾客之间，尽情地与他们谈笑。"

一位职员说："我很害怕和客户说话，每次总是战战兢兢的。但是自从当着诸多同事的面讲了一些八卦故事，并听到他们称赞我的口才极佳时，我觉得自己有自信而且能从容不迫地与人交流了。我开始自信地对顾客提出不同的意见。一次，我当着几位顾客的面，讲了一个关于产品的使用方法的故事后，我的销售业绩便上升了45%。"

当众练习讲故事的经历可以使你能克服恐惧，使你放松情绪，应对自如，话语流畅，在这种畅快心态的驱使下，你很容易完全地让自己融入到故事之中去，因此，你的故事就被你赋予了人性和情感因素，你的故事便有了灵魂，如此以往，你的故事很容易帮你达到管理目的，你的故事力很难不得到提升。

你的亲身经历是最好的故事"素材"

曾经某个电视节目很受人关注，这个节目专门针对创业者，收视率很高。这档电视节目之所以能引人关注，是因为那位主持人请观众参与谈话的方式很独特。那些企业创业者，当然如今都是企业的管理者，显然都不是职业的演说家，而且也没有受过沟通艺术方面的培训，甚至遣词造句能力都极差，有时候还会用错词。可是他们的讲话听起来却十分有趣，他们的状态自然放松，完全没有镜头前的恐惧感。他们之所以能抓住电视观众的注意力，完全在于他们谈的是自己：自己最困难的时刻，自己最美好的回忆，或是最初与自己的妻子或丈夫的约会等等。他们根本没有想到什么绪论、正文、结论或故事的寓意，也不在乎遣词造句，然而他们却获得了观众的赏识，观众完全沉浸于他们所说的故事。

这给我们的管理者以这样的启示：在很多时候，如果你实在没有好的故事，那不妨就向你的员工或上司讲讲你的亲身经历吧。

在那档电视节目中，那些创业者完全可以讲一些与自己毫无关系的伟大的创业故事，然后再花上几个小时搜索励志格言，将那些深奥的、高大上的经济学或管理学词汇或概念堆集、拼凑在一起，最后在台上发表一次毫无意义的演讲。但是，那样讲出的故事会僵硬而死板，丝毫没有讲述个人的真实经历更能吸引人的注意力。

一位名叫康拉德的人竞选美国一个州的州长，他在做竞选演讲时，是这样开始的："自由、平等、博爱，这些都是人类词典中最伟大的思想。没有自由，生命就没有存在的价值。设想一下，如果我们的行动处处受到限制，将是一种什么样的生存状况？"

他讲到这儿的时候，下面的智囊团成员立即请他停止，问他是否有什么证据或亲自经历可以支持他刚才说的观点。于是，他讲了一个动人心弦的故事。

他曾是一名法国的地下革命者，他讲了他和家人在纳粹统治下受尽屈辱的故事。他以生动形象的语言，描述了自己是如何躲过秘密警察的追捕逃到美国的。最后他说："今天，当我从密歇根街来到这家饭店时，可以自由地来去自如。我经过一位警察身边时，他并不注意我。我可以不用出入卡就可以走进饭店。会议结束之后，我可以按自己的意愿去芝加哥的任何地方。因此，请相信，自由是值得奋斗的。"他刚一说完，就获得了全场起立与欢呼。

与那些其他"引用"的故事相比，个人经历更能给人真实感和画面感，更具说服力。所以，在管理中，如果你有"现成"的故事，尤其是你自己亲身经历的故事，最好就不要去"引用"别人的故事。

思想家拉尔夫·瓦尔多·爱默生总是喜欢听人讲话，而不论其地位有多么地卑微，因为他觉得自己可以从任何人身上学到东西。当一个人在叙述生命给他的启示时，无论其说得多么的琐碎、多么的细微，也不会让人觉得厌烦。总之，给别人讲自己经历的故事，哪怕是最平凡、琐碎的，甚至是微不足道的，都能够让人对它产生兴趣，更有吸引力。

对于管理者而言，要讲自己亲身经历的故事，你需要提前准备。你可以在闲暇的时候，有意识地去整理属于自己的故事：

1. 早年与成长的历程：与家庭、童年回忆、学校生活有关的内容，一定会引起人们的注意，因为别人在成长过程中如何应对艰难的经历，最能引起我们的兴趣。只要有可能，都应该把自己早年的故事融进血液中。许多脍炙人口的戏剧、电影和故事讲的都是人们早年遇到的挑战，这就足以证明关于成长历程的题材是极有价值的，也适用于演讲。但是如何验证别人会对你小时候经历的事情感兴趣呢？有个极为简单的办法：多年以后，只要某件事情依旧鲜明地印在你的脑海中，随时都可能呼之欲出，那听众一定会感兴趣。

2. 早年出人头地的奋斗故事：这是充满了人情味的经历。如果回忆自己早期为追求成功所做的努力，一定能够吸引听众。你是如何从事某种特别的工作或行业的？是什么机遇造就了你的事业？那就告诉人们，你在这竞争激烈的世界创业时所遭遇的挫折、你的希望以及你的成功。谦虚地描述一些个人的真实生活，是最保险的题材。

3. 爱好及娱乐：讲述你对某件事或物的热爱，让大家知道你是如何坚持的，并取得了怎样的成就，然后编成故事，对激发员工极有用。

4. 特殊领域里的知识：如果你多年在同一个领域中工作，这会使你成为这个领域中的专家。如果能用多年的经验或研究来讲述自己的工作或职业方面的事情，也会引起听众的注意与尊敬。

5. 不同寻常的经历：你有没有见过名人？有没有去险要的地方旅

行过？你有没有经历过战争？有没有经历过精神上的危机？这些不同寻常的经历，都可以将它整理成故事，然后运用在管理中。

讲自己的故事实质上就是在你自己的心灵及脑海处进行深度地挖掘，并将贮藏在那儿的经历或图片随时提取出来。每个人在其成长的过程中，在其心灵的深处，都贮藏着十分丰富的"个人故事"，只要你去深度挖掘，总能找出对你有用的故事。

当你在挖掘或讲出这些故事前，注意不要使这些素材太个性化、太过轻微，听众可能会不喜欢。其实，正是这样的故事才能真正地触动灵魂，让人感动。

故事源于生活：从生活中提炼"故事"

身为管理者，要讲出好的故事，最重要的一点，就是要多观察和留心生活。因为好故事往往源于生活，如果我们能从生活中提炼"故事"，那么你一定很快会成为"故事达人"。

在生活中，应如何提炼出实用的"故事"呢？

1. 用"照片"记录故事。

在诸多的会议中，很多主讲人都会用自己拍摄的照片为大家展示出很多有趣的事情。照片给故事以"画面"感，虽然它是静态的，但总能让人清晰地记得当时所发生的事情，让故事变得栩栩如生。如今，多数人的手机都具有十分强大的拍照功能，大家随时可以将身边发生的或者自己看到的有意思的事情拍下来，形成画面。这样做不仅能帮你记录这个场景，你还能把它放到下一次要讲的幻灯片里面。

迈克最近到夏威夷去度假了，回来后，他便与他的下属们分享他度假中的趣事。一开始，他只是绘声绘色地与大家讲解夏威夷的自然风光。这时，一位同事说："亲爱的迈克先生，我猜你一定拍了不少照片吧，能否把你的照片和我们分享一下呢？"迈克说道："真是个好主意"，于是，他从手提包里拿出一沓照片，为他们分享了一大堆精彩的故事。"

用照片留住生活中的精彩瞬间，留住故事，确实是一个不错的方法。从讲故事的角度而言，那些显示某些人在做某些事情的照片明显要比表现建筑和山水的静态照片更具感染力。所以，在生活中，请随时拿起你的手机，看到某个精彩瞬间，就将它记录下来，然后再将其变成具有感染力的故事，不久后，你的故事力将会得到大幅度的提升。

2. 善于捕捉身边的细小故事，进而制造故事

有时候，仅仅寻找故事是不够的，你必须要主动制造新的故事。要制造新故事，就要善于观察生活。

1860 年美国大选结束后，有名叫巴恩的大银行家看见参议员萨蒙•凯斯从林肯的办公室里走出来，就进去对林肯说："你不要将此人选入你的内阁。"

林肯问道："为什么？"

巴恩答道："因为他总认为比你伟大。"

"哦，是这样。"林肯接着问他："你知道还有谁认为自己比我伟大？"

"不知道了，"巴恩说，"不过，你为什么这样问？"

林肯回答说："因为我要把他们全部都收入我的内阁。"

后来的事实证明，这位银行家的话是有原因的。凯斯的确是个狂态十足的家伙，不过，他也的确是个人才。林肯十分器重他，任命他为财政部部长，并尽力与他减少摩擦。凯斯狂热地追求最高领导权，而且嫉妒心极重。他本想入主白宫，却被林肯给"挤掉"了，他不得已又想坐

第三把交椅，对此他一直牢记在心。

一天，《纽约时报》的主编亨利·雷蒙特来拜见林肯。当他谈到凯斯正在准备角逐总统职位的时候，林肯便约凯斯在一个庄园里见面了。

两人坐在庄园的院子里，林肯以其幽默的神情说道："凯斯，据说你也是在农场长大的，那么你一定知道什么是马蝇了。"说完，便指向眼前正在嗡嗡乱飞的一只马蝇。凯斯答道："当然知道！这家伙像你一样让人讨厌。"林肯笑了，说道："有一次我和我的兄弟在肯塔基老家的农场犁玉米地，我吆马，他扶犁。这匹马平时很懒，但那天它却在地里面跑得飞快，连我这双长腿都差点儿跟不上。到了地头，我发现有一只很大的马蝇叮在它的身上，于是就把它打落了。我的兄弟问我为什么要打掉它，我回答说，我不忍心让这匹马被叮咬。我的兄弟说："你不知道吗？正是这家伙才使得马跑起来的呀！"

最后，林肯意味深长地说："如果有一只叫'总统欲'的马蝇正叮着凯斯先生，只要它能使凯斯不停地奔跑，这不是很好的事情吗？如果再多几只像凯斯那样的'马蝇'整天叮咬我，让我也飞快地奔跑，那不也同样是好事吗？我们干吗不感谢它们呢？"

林肯以眼前正在乱飞的马蝇为主题，"制造"了一个发人深省的故事，给凯斯先生以教育和启发，打击了他的嚣张气焰，让人深思。

3. 记住那些来自他人的故事

故事的生活来源还有一种方式，那就是记住那些来自他人的故事。在现实管理中，领导者应适当地鼓励下属分享他们的故事。比如，你可以与下属讨论如何创造适当的条件来鼓励他们讲故事，以及如何通过问题来引导他们讲故事，以此来搜集更多的故事。

总之，搜集故事并不是一蹴而就的事情，是一种长时间的积累，你需要长时间且富有耐心地立足于生活，才能成为故事达人。

什么样的故事才算是好故事

身为管理者要在生活中"贮备"故事，最基本的一点是要清楚：什么样的故事才是好故事。好的故事一般具有以下的特点：

1. 有强烈的冲突，比如期望与现实的冲突

无论任何故事，都要有一个"引发事件"与冲突，这是美国知名编剧罗伯特·麦基在接受《哈佛商业评论》杂志采访时说的话。因为这个引发事件会在主观期望与残酷现实之间产生冲突。从这个角度切入去说故事，很难不给人留下印象。

但很多人都习惯向大众呈现好的一面，正如管理者要向其上司或下属做自我介绍时，只会说自己的优点，做过什么了不起的事情，这种报喜不报忧的描述方式，只会让人觉得不真实，而且缺乏冲突，不会让人印象深刻。

如果你说出过去的一次失败、挫折或者挣扎，听众会觉得你是真实的，容易被感动。

2. 简单又能打动人

人的耐性是有限的，你必须要快速地抓住听众的心。

哈佛大学教授德博拉·索尔表示，好的故事必须包含二个层面：

（1）情节尽量简化：说故事不是在写小说，不需要把所有的细节巨细靡遗地交代清楚，要尽可能地简化。

（2）与日常生活相关：所谓的感动，不是指故事的情节有多么戏剧化，而在于故事内容必须是大家可以想象的、平常可体验的，比如说故事发生的场景在街角的 7－ELEVEN 或是小吃店等等。即使听众本身没有经历过故事里的经验，但立即就会产生共鸣。

3. 提供学习价值

无论你向客户做简报、举办演讲，或是进行公司内部的提案报告，在这些场合说出来的故事不是为了娱乐大家，而是要传达某个重要的"启发"。

耐克是最擅长运用故事的公司。在进行新员工培训时，他们不是秀出呆板的简报，而是告诉这些菜鸟耐克的企业文化是什么，就像在听历史课，谈的都是和几位创办人有关的小故事。比如他们会给员工讲耐克的创办人之一——比尔·鲍尔曼的故事。当初他为了帮助选手找到更适合的运动鞋，自己在工作室不停地实验各种材质和造型。后来有一天看到家里厨房的松饼烤盘，突然灵机一动，于是开发出鞋底形似松饼的Waffle Trainer 运动鞋。给员工讲这则故事的目的不是告诉大家鲍尔曼有多了不起，而是强调"创新"的重要性，这也是当初耐克成立时的最为核心的价值。所以要谨慎地选择你的故事，如果故事缺乏有意义的信息，不如去讲道理。

当你了解了好故事的基本特点后，就要着重以此为标准，搜集好的故事。对此你可以从以下几点出发：

1. 搜集有趣的题材

用最直接的方法说自己的故事，比如发生在自己身上的事情，最有感觉，说的时候也最顺畅。要挖掘自己身上的故事，你需要思考这些问题：

你在一个特定的历史时间、地点、社会环境来到世界，用今天的眼光来看，这些历史条件有什么意义？

有哪些经验以及人对你影响特别深或是改变了你的人生？

对你最深的启示是什么？或你得到哪些结论？

这对你日后的行为有哪些影响？

如果还是很难想出来，可以尝试另一种方法。

《如何说故事》的作者杰克·马奎尔建议，拿出一张纸，左边列出过去做过的决定以及采取过的行动，右边列出还未做的决定以及未采取的行动。两者相对比之后，就可以看出有哪些重要的事件或者是转折。

你会发现，自己就有非常多的故事题材可以选用。

2. 设计有张力的开场

有好的故事题材还不够，你还要像导演或编剧那样，用心铺陈你的故事。

前面曾经提到，好的故事必须有引发事件或者冲突，这就是故事的起点，如推理小说或者是电影，往往以某个离奇的事件作为开扬，制造紧张悬疑的气氛，抓住读者的注意力，比如《达芬奇密码》，然后描述事件主角如何面对，最后成功化解困境。

以面试为例，如果要你说明前一份的工作经历，你会如何开头？或许就是平铺直叙地说你做过哪些项目或是负责哪些职责。但如果你挑出某项最困难的任务，说明处理过程及对你的影响和改变，或许更能让对方记住你。

3. 流利的"说"出来

故事内容只是一部分，还要想办法流利地讲出来，然而这正是许多人最担心的一件事情。最怕发生如美国总统布什一样的笑话，布什常常用错字或是发音不准。在小布什上任不到 2 个月，市面上便出现了《布什语录》，搜集了他在各个场合发表演说时的各种语病。身为管理者，要避免这样的错误发生，就需要不断地练习。而且最为重要的是，必须练到在完全不看简报的情况下，都能够很顺畅地把每个字说清楚，包括什么时候应该停顿、什么时候要向听众提出问题等。这些桥段都必须在练习时就做好安排。

事实上，许多企业董事长在进行全球法人说明会之前，会特别地请专人或者所谓的说故事教练来帮忙指导。并不是每个人都有这样的待遇。但是只要找到对方的方法，你也可以进行自我训练。

第八章

把故事讲得富有趣味：
那些让员工入神的讲故事技巧

　　许多管理者在日常生活中，都会遇到令他们头疼的问题：自己在台上滔滔不绝地给大家讲故事，可台下的听众或员工却心不在焉，他们有的在玩手机，有的在交头接耳，有的似乎在思考着什么，心思完全没有放在听故事上。当你遇到这种问题，管理者就要进行自我思考和评判：你讲的故事是否极为乏味，完全提不起员工们的任何兴趣。

　　要想让你的故事充满趣味，实际也需要掌握一定的方法和技巧。比如，你该如何设定故事的开头，如何巧妙地制造故事的冲突，如何给故事一个有意思的结尾，如何把握住故事的核心元素，如何让你的故事调动人的情绪，打动别人等等。本章着重介绍让故事充满趣味的种种方法和实用技巧，你可以尝试着去做，以让你的故事听起来让人入神并且牢记。

吸引听众注意力的秘诀：摸清他们的兴趣

故事固然能帮你解决现实中的诸多管理难题，但是，对于管理者而言，要让你的故事发挥效用，最关键的是让你的故事听起来富有趣味。若你讲出的故事枯燥、无味、味同嚼蜡，甚至厌烦不堪，对于员工来说，听下去尚且是一件困难的事，你的故事则很难启发他们的心智了。

一位培训师，在给公司的员工做培训时，埋怨道："我在上面讲得口干舌噪，中间为了吸引他们的注意力，会不时地穿插一些小故事，可我发现他们根本听不进去。台下，有的在玩手机，有的在打瞌睡。面对这种局面，我该怎么办？还有的时候，我看到台下的员工听不进去，就开始烦躁和焦虑，讲话更加没有头绪了。"

这位培训师显然也在试着用故事去激发员工的聆听兴趣，可他似乎没能达到这一目的，而相反则使自己的心智大乱，不时地被恐慌和焦虑所困扰。问题显然就在于他的故事上面，讲出的故事毫无趣味。

一般而言，故事太长或者故事的主题不够集中，都会使人感到厌烦。同时，许多管理者在讲故事的时候，没有考虑听众的实际情况，比如聆听者的文化水平、趣味所在等等，他们只站在自己的立场上讲故事，或者因为各种担忧和害怕而不敢尽情地发挥想象力，便会让人觉得厌烦。

要解决这个问题，首先要确保你讲的故事必须符合听众的趣味。你讲的故事可能是自己真实的一段人生经历；或许是发生在周围朋友身上的真实情况；或许是你道听途说的一个故事；或许是你在杂志或书籍上读到的故事。要让你的故事听起来有意思，就要了解听众的共性，即知道他们都在关注什么，共同的喜好是什么。

　　一位管理者在任职前为他的属下员工做介绍演讲，他是这样开头的："我是个数据员，下面的一个小时可能是你们这辈子最难熬的经历。"于是他开始讲上次他带领团队在进行数据恢复过程中出现的各种引人发笑的蠢事。因为下面的倾听者都是程序员，所以对他讲述的故事饶有兴趣，听得非常开心。随后，他要讲大家在接下来的时间里要遵守的规矩以及相处原则，他担心大家会无聊，不愿意听他讲下去。于是，他就事先打好招呼说："下面的一段时间，你们一定会觉得我的话很无聊哦！不过，我会长话短说。"打下这个"预防针"，大家对他要讲的话便不会感到反感了。

　　身为管理者，要使你的故事听起来亲切、自然、富有兴趣，那就在你的讲话中加入一些与听众息息相关的事与物。听众对一个故事感兴趣，很多时候是因为故事与他们的兴趣有关，与他们的问题有关。这种与听众本身及其兴趣相关联的内在联系，能够牢牢地抓住他们的注意力，保证沟通渠道的畅通无阻。得知你属下共同的兴趣爱好自然不是一件难事。了解之后，你再有针对性地筛选你的故事。要使你的故事更有趣味，最好能讲一个富有真情实感的故事。这个世界上，很难有人不会被真情实感所打动。我们来听听位于俄克拉荷马州的一家电器销售公司的销售主管是如何运用这种方法给那些在工作中受挫的员工讲故事的：

　　各位俄克拉荷马的公民对于那些习惯危言耸听的小商小贩们应该很熟悉了。各位只需稍稍回想一下，便会想起来，他们一向将俄克拉荷马州排除在外，认为它是永远绝望的冒险。

　　在20世纪30年代，所有绝望的乌鸦都告诉其他乌鸦，最好避开俄克拉荷马，除非他们自己携带干粮。

　　他们认为俄克拉荷马是美洲新沙漠中永远难以改变的一部分。他们这样形容道："这里永远都不会有东西开花。"但是，到了20世纪40年代，俄克拉荷马却成了花园，连百老汇也要举杯为它祝福。因为在那里，"当雨后微风吹来，便有小麦波浪起伏，散发出清香"。

在短短的 10 年时间内，这个曾经干旱肆虐的地区，现在到处都是茂盛的玉米秆。

这是信仰的结果——也是有计划地冒险的结果……

因此，我们在考察自身的境遇时，应该看到美好的远景，而不是停留在昨天的阴影之中。

当我准备访问这里的时候，我先看过了《俄克拉荷马日报》卷宗，知道了这里 1901 年春天的景象。我想体会一下 50 年前本地的生活。结果我发现了什么？我发现它描述的全是俄克拉荷马的未来，重心都放在了将来的希望上。

这是一个根据听众兴趣来讲故事的案例，讲述者采用的这一有计划的冒险事例源自听众身边，使听众们觉得他的故事不是打印出来的拷贝文件，而是特意为他们准备的。当管理者根据听众的兴趣来讲故事，听众自然不会转移注意力。

曾有人问英国报业巨子诺斯克利夫爵士，什么东西能够激发人们的兴趣，他回答说："人们自己。"他就是根据这一单纯的事实建立了一个报业帝国。

詹姆斯·哈维·鲁滨孙在《思想的酝酿》一书中，形容幻想是"一种出于自然的，最受欢迎的思想"。他接下来说道：在幻想中，我们允许自己的思想各自沿着它的方向前进，而它的方向又取决于人们的希望或恐惧；取决于人们的成功或幻灭；取决于人们的喜、怒、哀、乐等情绪。世上再也没有比我们自己更令我们感兴趣的事情了。

来自费城的哈罗德·杜怀特，在一次向新同事介绍公司那些老员工时，做了一场非常成功的演说。他依次谈到了公司里的每个人。他一边回忆同事们在一起共事所遇到的各种趣事，一边夸张地模仿其中一些人，逗得大家开怀大笑。像他这样的管理者，很容易感染到员工。这种有趣的介绍方式，能使那位新员工对他的幽默方式心生敬佩。

一位叫约翰·莫西德的心理学家曾说过，人们只对自己感兴趣，他们并不关心公司产品的市场占有率，但他们却想知道如何才能获得晋升，如何才能获得更多的薪水，如何保持健康。此外，人们也总是对别人有趣的经历感兴趣，所以我会邀请一些大富翁谈谈他们是如何在房地产中赚进几百万美元的。我还要请一些著名的银行家及各大公司的总裁，谈谈他们是如何从底层奋斗到有权有势的地位的。这给我们以这样的启示：

当你下次再面对你的员工时，要想象成他们急切地想听你说什么：只要对他们有用的就行。管理者如果不考虑员工总以自我为中心的天然倾向，就会发现自己面对的是一群烦躁不安的人。他们会局促不安，表现出不耐烦，不时地看手表，并且渴望离开。

好故事在"开头"：一开口就吸引注意力的讲故事技巧

讲一个好的故事，很多时候就像是有目标的航行，你必须要规划好航线。要让你的故事富有吸引力，就要讲好开头，一开口，就能吸引听众的注意力。要讲好故事开头，当然也需要一定的技巧：

1. 以故事的场景开始

罗维马·托马斯是一位誉满全球的新闻分析家、学者和电影制片人。在讲"阿拉伯的劳化斯"时，他以下面的这段话作为开头：

"一天，我走在耶路撒冷的基督街上。这里我碰到一个人，身穿东方皇族的华丽袍子。在他腰侧，别着一把金制的弯刀……

他以自己的亲身经历开场，是一种吸引听众注意力的话题。它鼓舞人心，引人入胜。我们之所以愿意继续听，是因为我们把自己看成是某个圈子的一分子，想知道接下去会发生什么事情。对于管理者来说，以自己亲身经历的故事开场，选择那些"惊心动魄"的时刻做为开头，可以吸引听众的注意力。

2. 故意制造悬念

好奇心和求知欲是人类最基本的心理，如若你在故事的开头故意制造悬念，那便可以吸引人的注意力。

一位管理者在给员工讲坚持的重要性时，给大家讲了一个作者为了完成自己的著作，如何克服生活中的种种磨难，他是这样开头的：

在82年前，伦敦出版了一本小册子，讲了一个故事。这个故事注定是要流芳百世的。许多人称它为"世界上最伟大的小书"。在它刚刚问世时，朋友们在斯特兰德大道或者帕码街遇到时，总会问："你读过它吗？"回答总是千篇一律："是的，上帝保佑，我读了。"

在出版的当天，它卖出了1000册。两周内，销售量达到了1.5万册。此后，它又进行了无数次的再版，并被译成各种语言。几年之后，有人则以巨资买下了小册子。现在，它被安放在他富丽堂皇的艺术长廊之中。这本举世瞩目的书是什么？它是……

以这样的形式开头，管理者便能很好地抓住员工的注意力。因为故事本身让你产生了悬念，诱发了你的兴趣。

好奇之心，谁会没有呢？

制造悬念是让员工产生兴趣的一种必胜方法。对此，卡耐基在给他的听众讲《人性的优点：如何消除烦恼，开始生活》时，他在开头是这样制造悬念的：

"在1871年春，一个年轻的小伙子，威廉·奥斯勒，他注定要成为世界闻名的内科医生。他拿起一本书，读到21个字。它们对他的人生产生了重大的影响。"

这21个字是究竟是什么？对他的未来或人生能产生怎样的影响呢？

这些都是听众想知道的问题。所以，身为管理者，我们要学会在故事的开头制造悬念，以让员工立即对你的故事产生兴趣，从而进一步带给他们启示。

3. 讲述引人注意的事情

一位零售行业的销售主管在给他的属下讲故事时是这样开头的：

"几年前，《斯克瑞普斯—霍德华》报社动用 17.6 万美元，调查客户不喜欢零售店的哪些方面。这是有史以来对零售店问题进行的最为昂贵、最科学、最彻底的调查。这次调查向 16 个城市的 54047 户家庭发送了调查问卷。有一个问题是：你不喜欢本市零售店的什么？

"关于这个问题，几乎有 2/5 的回答都是一样的：态度不好的店员！"

这种以令人震惊的陈述方式开头，可以与下属建立有效地沟通，因为它能震撼人的思想。正是这种"震撼技巧"，采用出人预料的形式，使听众集中注意力来听你的故事。

在纽约一家企业刚刚上任的高级主管，他在向他的下属们介绍自己时，是这样开头的：

"我做了 10 年的囚犯。那并不是一个普通的监狱，而是由于我担心自己能力低、受批评而从心理上建造的监狱。"

对于这段真实生活的插曲，你一定想了解更多，于是便产生了听下去的兴趣。

令人震惊的故事开场中，我们应该回避一种风险，即避免趋于过分戏剧化或者太过煽情。比如一位管理者在给他的员工讲故事时，开始先唱了一首非常肉麻的情歌，令员工面面相觑，不知道这位领导是在故意展示自己的歌喉还是要给大家讲一个煽情的故事。

如果你想让你的员工在一开始就对你的故事产生兴趣，应该直奔故事的中心思想。

对此，弗兰克·贝特格做到了，他是《我是如何在销售中从失败走向成功的》一书的作者。他是一位语言艺术家，书中的第一句话，他就制造了悬念。此后，他针对自己的销售理念，在全国做了几次巡回演讲，他的那种充满热情的、绝妙的开场方式，着实听引了大批的听众。那种不唠叨、不训诫、不讲大道理、不笼统的讲故事方式，着实令人佩服。他是这样饱含情感地开头的：

"我成为一名职业篮球队员之后不久，遇上了一生中最让我震惊的事。"

这样的开场让听众产生了极大的兴趣，他们都想知道震惊的事件是什么，以及如何处理的。

4. 要求听众举手参与

抓住听众注意力的另一个绝妙方法就是要求台下的人们举手回答问题。比如，在一位管理者在为他的属下讲"奋斗"的故事时，他是这样开头的："请举手，让我看看你们中有多少人是来自农村的？"这样的举动很容易吸引听众的注意力，因为当你让他们举手时，就意味着大家已经参与到你的故事之中了，即"听众参与"。当你采用这种方法时，你的演讲就不再是"独角戏"了，因为听众参与进来了。

5. 告诉听众如何获得他们想要的

抓住听众的注意力，还有一种屡试不爽的办法，那就是承诺他们，采用你的建议，可以得到他们自己想要的东西。比如："我会告诉大家通过怎样的办法去改变你的命运，让你抓住机会，获得更好的发展。"或者更直接一点，"如何让你获得升迁的机会，增加个人收入。"或者"我可以承诺，如果大家能将这个故事琢磨明白，我会告诉你一种让自己变得更优秀的办法。"

"承诺"式的开场白必定是能够吸引听众注意力的，因为它直接调动了听众的兴趣。管理者常常忽视将自己要讲的故事与听众的兴趣联系起来。他们不去开启听众注意力的大门，反而用无趣的开场白让人对你的故事瞬间丧失兴趣。

6. 采用展示物来"助阵"

世界上能抓人注意力的另一个办法就是展示一件东西给大家看。从最低级到最高级，几乎所有生物都会注意到那种刺激性的举动。当你面对严肃的听众时，这种方法也极为有用。

一位管理者在向他的员工讲述"提升个人价值"的故事时，在开场，他的拇指和食指中间夹着一枚硬币，并将手举过肩膀。本能地，大家都会盯着看。然后，他问道："在场的各位，有谁曾在人行道上发现过这样的硬币吗？……"接下来，他便由这枚硬币，引出了个人价值的故事。

7. 即情即景

在讲故事的时候，不要刚走上台就开始讲述你的内容，最好以眼前的事物为话题，将听众引入到你的故事主题中，这样可以激发听众兴趣。

为了纪念在葛底斯堡战役阵亡的将士，美国建立了一个葛底斯堡国家烈士公墓。在举行落成典礼那一天，国务卿埃弗雷特出席并讲话。他站在台上，看到眼前的人群，抬头又望到远处的麦田与果园，放眼望去，又看到远处的山峰，让他百感交集，于是说道："站在明净的长天之下，从这片人们终年耕耘而今已安静憩息的辽阔田野放眼望去，那雄伟的阿勒格尼山隐隐约约地耸立在前方，兄弟们坟墓就在脚下，我真不敢用我这微不足道的声音打破上帝和大自然所安排的这一味无穷平静。但我必须承担你们交给我的责任，我祈求你们，祈求你们的宽容和同情……"

听众们听到这个开场白之后，都露出深深的哀思，而且听着听着，有的人忍不住热泪盈眶。接下来，他便向听众讲了一个发生在战争中的感人的故事，让人们对那段历史有了更为深刻的反思。

国务卿埃弗雷特在故事的开头，并没有按照原先的计划来讲述，而是即情即景，用深沉的感情描述了自己眼前所见到的景色，于情景交融之中，把大家引入故事的话题，最后再引出具体的故事，取得了良好的教育、启迪效果。

但是需要注意的是，即情即景不是让你离题万里，而是为了更好的映衬故事的主题，因此要做到情景为我所用，而不要被情景所累。

8. 故事开头

在引出故事的主题之前，你可以先讲一个小故事，引起听众的兴趣，因为故事能让人感觉身临其境，容易理解，而且具体可感。可供选用的故事有两种，一种是幽默的故事，但使用幽默故事的前提是，演讲者本身需有幽默的禀赋，切不可平淡呆板，否则不但起不到良好的效果，反而会适得其反。另外一种即是普通的故事，它可以是现实生活中的趣闻，也可以是历史上的事件。总之，无论使用什么样的故事，故事都要围绕自己的主题展开。

9. 用提问开头

你可以在故事开始时，便提出一个问题，这个问题一定要让人有足够的兴趣，或者有足够的悬念，让听众愿意顺着所提的问题去思考，甚至有一种急欲知道答案的想法，急切地等待你讲下去。值得注意的是，提出的问题要新颖，不要过于简单，尽量提一些能给听者教益和启发的问题，即听众能从你的问题中有所获益。比如，"大家知道如何靠一台电脑来赚钱吗？""大家知道怎样才能在三年之内成为一个百万富翁吗？"

10. 用涉及听众利益的话开头

从故事一开始就把自己讲话的内容与听者的切身利益联系起来，引起听众的关注和重视，吸引听者的注意力。比如：我今天给大家讲的故事，其目的就是教大家如何脱离贫困，不想脱离贫困的人可以马上离开。

11. 赞颂听众

任何人都喜欢听赞颂的话，通过说一些赞颂的话，可以拉近听众与管理者之间的距离，让故事现场的气氛很快活跃起来。你可以称赞该地区的巨大变化和当地人民取得的惊人成就等，也可以称赞听众的聪明智慧。

把握四个要素，轻松吸引听众的注意力

一位名为诺曼·文森特·皮尔的牧师讲道，要想使你讲出的故事具有驾驭听众注意力的能力，那就要尽力使你的故事内容具备人性化、个人化、翔实化、戏剧化和视觉化这几个特点中的任意一种。对此，我们来逐一说明。

1. 使故事富有人性化

吸引听众注意力的第一个要素，就是使你的故事富有人性化。人性化具体指，既要使你的故事具有教育和启发意义，又能满足听众的基本心理诉求，这种诉求包括获得心理的满足感和自我实现感。

一次，丹尼尔和公司的几位高官被公司要求各自给属下的员工召开一次以"事业成功"为主题的会议，以激发他们的工作积极性。刚开始，这些高管都只列举了一大堆抽象的东西，给了一大堆勤奋工作、持之以恒或者远大目标的说教。

公司的一位总裁得知情况后，便打断了他们："我们都不想听别人说教，也没有人会喜欢。记住，你的话必须让员工能感受到愉快和有趣。否则，不论你说什么，员工都是不会听的。同时要记住，世界上最有趣的事情，都是那些精致典雅、妙语连珠的趣闻轶事。所以，请你

们尽量讲一些你认识的两个人的故事，并分析他们中间为何一个能成功，而另一个人却失败了。员工们都会乐意听这样的故事，会记住它，可能还会从中受益。"

丹尼尔觉得，要想激发自己的兴趣和别人的兴趣实在是件不容易的事。可是在他准备给属下员工做演说的前天夜里，他就抓住"人的兴趣"的建议，想起了他大学同学的故事：一个人小心谨慎，以至于买衬衫也要在不同的商店各买一件，并制出表格显示哪一件最经得起洗熨，穿得最久，以便让每一块钱的投资都获得最大的效用。他的心思只放在钱上。可是，这个人从工学院毕业之后，自视甚高，不愿意像别的毕业生那样从基层开始做起。因此当3年后同学聚会时，他仍旧在画他的衬衫洗熨表，还在等待好差事凭空降临，结果什么也没有等到。从那时候开始，过了25年，那个人满腹怨恨与不满，一辈子都待在一个小职位上。

然后，丹尼尔将这个失败者与另一位同学相比。现在这位同学已经超越了当初的自我期望。他与人相处融洽，大家都喜欢他。他不乏雄心壮志，想成就一番事业，但却从绘图员做起，不过他一直在寻找机会。当时，纽约世界博览会正处在规划阶段，他知道那儿需要工程人才，所以辞去了费城的职务，迁往纽约。与他人合伙做起了承包工程的业务，承揽了很多建筑公司的业务，最后被博览会高薪聘请。

第二天，丹尼尔将这两个故事讲给属下员工听的时候，获得了成功，达到了自己的管理目的。他本人的讲述还有许多有趣而充满人情味的细节描述，使他的整场演说妙趣横生。因为故事讲得太精彩，大家似乎都觉得意犹未尽。对于丹尼尔来说，这是他第一次给大家讲故事。

这种富有人性化的故事，是成功驾驭听众注意力的关键。这里所说的人性化，指那种接地气的，平实的，让人觉得这种故事就实实在在地发生在自己的身边。要想做到这一点，你讲出的故事最好是你自己的生活背景。不要因为觉得不该谈自己，便犹豫不决地不敢说出来。只有当一个人满怀敌意、狂妄自大地谈论自己的时候，听众才会讨厌；否则，听众对演说者的亲历故事都会极感兴趣。亲自经历是抓住听众注意力最可靠的方法，千万不要忽视。

2. 用人名讲故事更富有个性

如果讲故事的时候要提到某个人，那就一定要讲出他的名字。不过，为了保护别人的隐私，可以用假名。即使使用诸如"史密斯先生"或"乔·布朗"这种不具个人特性的名字，也比使用"这个人"或"一个人"更能使故事生动有趣。姓名具有证明和显现个体的功能，就像鲁道夫·弗烈屈所说："没有什么更能比名字增加故事的真实性了。隐姓埋名是最虚假不过的。"试想一下，如果故事里的主角没名没姓，将会是什么样子呢？

如果你的故事中使用的是具体的姓名与个人的代称，你的故事将会有极强的可听性，因为它已经具备了个性化这一可贵的要素。

3. 使故事充满细节

你可能有这样的疑惑："细节确实能提升故事的可信度与感染力，可是我如何才能让我的故事有足够的细节呢？"你可以对你的故事做以下的测试：即使用新闻记者写新闻故事时遵循的"5W 原则"：何时（When）？何地（Where）？何人（Who）？何事（What）？为何（Why）？如果你依照这五要素来准备，你的故事便会详尽周到，栩栩如生。

但是，我们虽然强调故事要具有细节，并不是说让细节过量。实际上，细节过多比没有细节更为糟糕。每个人都会被冗长而肤浅的细节搞得厌烦透顶。试想你的故事全部都充斥着鸡毛蒜皮的事，听众一定会不耐烦，不会听你讲话。最为糟糕的莫过于不能抓住听众的注意力。

4. 用"对话"使你的故事更具戏剧化

假设你要与公司下属讲述自己是如何运用人际交往法则成功地平息

了一位顾客的愤怒，你可能会这样开始：

"前几天，有个人闯进了我的办公室。他非常愤怒，因为我们上一周送到他家中的洗衣机无法正常工作。我对他说，我们将竭尽全力处理这件事情。过了一会儿，他平静下来，对我们全心全意要把这件事情做好显得很满意。"

这则小故事有个优点，就是十分地详细。可是它缺少姓名、特殊的过程，而且最为关键的是缺少能使这件事活生生地呈现在人们面前的真实对话。这里可以为它添加一些对话的材料：

"上星期二，我办公室的门砰的一声被推开。我抬起头来，只看见查尔斯·伯烈克逊先生怒气冲天地走进来。他是我们产品的忠实用户。我还没有来得及请他坐下来，他劈头就说：'艾德，我要让你帮我做最后一件事情：你马上派一辆卡车去，把那台洗衣机给我从地下室运回来。'

"我问他出了什么事。他气急了，几乎无法清楚地回答。

"'它根本不能用，'他大吼道，'衣服全部都缠在一起，我老婆极为讨厌它，烦死它了。'

"我请他坐下来，让他解释得清楚一些。

"'我才没时间坐呢。我上班已经迟到了！我想我以后再也不来你这里买电器了。请相信，我再也不买了。'说到这里，他伸出手来又拍打桌子，又敲我太太的照片。

"'听我说，查理，'我说，'你坐下来把情况都告诉我，我愿意替你做你要我做的一切事，好吧？'听了我这话，他这才坐下，我们总算平静地把事情讨论清楚。"

我们在讲故事时，当然不可能每次都能将对话加进来。不过，你应该可以看到，上面的故事因为引用了对话，使它更具戏剧性了。如果你还有模仿技巧，将原来的声调语气表现出来，那么这些对话就更有效果。而且对话是日常生活中的会话，可以使演讲更为真实可信。它使你听起来像是充满了真情实感的人，是在隔着桌子与人说话，而不像老学究在学富五车的学员面前宣读论文，或像个大演讲家对着麦克风狂吼。

5. 使故事内容视觉化

心理学家告诉我们，85％以上的知识是通过视觉印象传递给我们的。这正好解释了电视成为广告与娱乐的主要媒介并收效显著的原因。讲故事也是一样，它是一种听觉艺术，同时还是一种视觉艺术。

采用细节来丰富故事，最好的办法是在其中加入有利于视觉吸收的展示。比如，你也许要花费数小时来告诉我们如何挥动高尔夫球杆，而我却可能听得很不耐烦。可是，如果你站起来演示把球击下球道时该怎么做，那我就会全神贯注地听了。同样，如果你以手臂和肩膀来描绘飞机飘移不定的情形，我肯定会更关注你讲的故事。

一位希伯来语培训班的老师，在大学做了一场演说，为了避免枯燥，那位培训老师以一个学生和另一位学生吵架的场景来设定了一场对话。那位老师模仿两个调皮的学生互相挑衅的滑稽动作，比你在电视上所看过的一切都要形象生动。这些视觉细节使那场演讲让人印象深刻，几个月后，一些同学谈起那位老师讲故事的情形还显得兴高采烈。

所以，在讲一个故事前，你要先问自己"我怎样才能给我的谈话加入一些视觉的细节"，这样可以使你的故事听起来富有吸引力。

给故事做一个精彩的结尾

一个精彩的故事讲完后，在结尾时就要懂得用一个精彩的结尾给故事做总结。这是决定你的故事能否帮你解决管理难题的关键所在。

乔治·约翰逊是旧金山一家实力雄厚的科技公司的总裁。不过，令人感兴趣的是，他也是一位杰出的讲故事高手，经常以讲故事的方式在他的会议中做精彩的发言，同时他讲出的故事总能够引发听众的悲欢情绪，并能长久记住他在故事结尾的训导。

他并没有自己专属的办公室，而是在一间宽大而忙碌的工厂的一个角落里办公。他处事态度就和那张旧书桌一样谦恭。

一次，一位做管理的朋友向他取经，问他："如何才能像你一样在公司会议上使自己的发言引人振奋呢？"他极为轻松地说道："除了要准备一个好故事外，还需要有一个精彩的结尾。"

乔治是一个高明的管理者。无论在会议上，还是私下里与员工交流，他从来不使用华丽的句子或响亮的词语。然而，从实践中他学到了成功沟通的秘诀。他明白要使自己的话语富有影响力，一定要有一个精彩的结尾。他认识到，要让听众印象深刻，你的主题或结论应该自然地从故事推进中得出。

不可否认，结论是故事结尾画龙点睛的一笔。如果管理者在结束发言之后，他说的最后一席话还能在听众耳边萦绕，这些话可能会被记得更久。与约翰逊先生不同，许多管理者很少意识到这一点的重要性，他们的结尾常常留下一些遗憾。

很多管理者在结尾时常会犯怎样的错误呢？我们可以来探讨一下，寻求补救的办法。

首先，有人是这样结尾的："关于这件事情，这就是我想说的。到此，我想我该结束了。"这类管理者通常会放出一阵烟雾，心虚地说一句"谢谢各位"来掩饰自己未能令人满意的无能，那不是结尾，只会显示出你是个生手。那几乎是不可原谅的。如果你要讲的故事讲完了，为何不立即停止呢？什么都不用多说。这样做效果会很好，听众自然明白你说完了。

还有些管理者在讲完故事后，完全不知道该如何结尾。乔希·比林斯建议人们捉公牛时，要抓牛尾而不是牛角，因为牛尾更容易被抓到。管理者总是从正面去抓牛角，那牛总是想努力地甩开，所以最终他什么也抓不到，只能绕着原地转圈，说着重复的话，给听众留下极差的印象……

如何补救呢？结尾必须要提前构思，因为很多不擅长当众讲话的管理者在面对听众时，情绪是处于压力和紧张状态的，而且思想还集中在说话的内容上面，这个时候你去思考如何结尾是明智的做法吗？预先在心态平和的时候去想结尾，是极为明智的做法。

要给故事添一个精彩的结尾，那可以参考下面的几点建议：

1. 说出或总结你的观点

很多时候，你讲的故事也许包含很多内容，以致到了最后，听众对主题都感到模糊。可是，很少有管理者能意识到这一点。因为在管理者看来，他对自己讲的故事的主旨极为明确，可听众却对此不甚了解，如果误以为听众能从中悟出结论或观点，那你就错了。用莎士比亚的话来说明，听众可能"记得你的故事，但可能搞不明白你究竟在阐发什么道理。"

如果你想让听众清晰地知道你的观点或阐述的道理，不妨这样去做："在故事开告诉听众你想说什么，然后讲述故事，最后对故事进行总结。"为了让你的故事更富吸引力，你可以不在开头告诉听众你想说什么，但在结尾一定要做总结。

一位在芝加哥政府工作多年的管理者，在向他的上司阐述引进一种设备的必要性时，他先是通过一个长长的故事阐发了政府工作中遇到的各种困难，最后，他在故事的结尾总结道："总之，先生们，依据我们在自己后院使用这套设备的经验，以及在东部、西部和北部使用的经验，其操作原理简单，还有每年预防事故而节省费用的实例，这些都让我强烈而又坚定地建议，立即在南部使用这套设备。"

你明白这种结尾的精妙之处了吗？你们不用听懂他前面长篇大论的故事究竟在说什么，只需要听懂这句话，就能知道其中的内容。他只用了几句话，几十个字，就概括出了他的全部要点。所以，身为管理者，你不妨采用这个讲故事的技巧。

2. 倡议听众采取行动

很多时候，我们讲故事是为了让员工或上司采纳我们的建议，让他们按照自己的想法去行动，如果你的故事讲完，那就在结尾做一个让听众采取行动的倡议吧。正如上述那位芝加哥官员一样，在故事的结尾想劝服听众有所行动：在铁路线南部地区安装一套设备。他请求这次行动是基于此设备可以预防事故而节省费用。

讲完一个故事后是最好的劝服听众采取行动的时机。因为当时的听众可能已经被你的故事所折服，被里面的情绪所感染。此时你若提出要求，让他们参与、捐助、投票、购买、抵制、赞助、调查等，很容易达到目的。在向听众提出行动请求时，一定要遵循下面的原则：

第一，必须明确要求他们做的事情。一定不要说："故事已经讲完了，如何去做，就看你们个人的选择了！"这样太过笼统。可以说："为了改变自己，我建议大家从现在开始行动起来，全力以赴去完成自己的本职工作！"

第二，要求听众在能力范围之内有所行动。切勿说："请你们一起去向总裁反映情况。"那样是没用的，因为员工并没有资格去与总裁直接交涉或沟通。你可以这样说："我会向总裁反映这个情况，请大家竭力给予支持。"

第三，用诗词对联作为结尾。诗词对联是我国优秀的传统文化，可以体现个人的魅力和文化修养，它们一般都是对仗工整的句子，读起来朗朗上口，而且容易让人记住。不过你没有必要在这个时候专门写一副对联或者作一首诗，直接引用背诵过的诗词即可。比如曾经有人在故事结束的时候，这样说道：在演讲的最后，我送大家一首诗："白日依山尽，黄河入海流。欲穷千里目，更上一层楼！"

第四，提出问题。在故事结尾，管理者可以向听众提出一个问题，或者一系列的问题，让听众进行思考。而且在提出问题之后，要停留一会，停留时间尽量长，30 秒钟到 1 分钟不等，然后再说：今天的故事到此结束，我提出的问题留给大家回去思考。这样的结尾方式，能够更好地让观众参与到演讲中来，引人深思。

第五，含蓄幽默。使用含蓄幽默的言辞或动作作为故事的结尾，以让人深深反思，既能够给听众留下愉快美好的回忆，也能为自己赢得掌声。

第六，名言警句结尾。可以用历史名人的名言，也可以用当红名人的话语，还可以用谚语格言等作为结尾。一般而言，这样的表达精炼生动，而且富有节奏和韵律，可以使故事的内容丰富充实，具有启发性和感染力，能让人牢记不忘。

有位管理者在给员工做培训的时候，他想通过故事使员工的离职率降低，于是，他给大家讲了一个"毅力"的故事，在最后结尾的时候，引用了著名作家狄更斯的话："毅力是攀登高峰的手杖；毅力是渡过苦海的船只；毅力是催生鲜花的春雨。也许你正在努力，正在拼搏，也许你正在忍耐，正在等待。那么运用你的毅力。他可以推动你不断地前进，可以扶持你度过一切苦难。要知道顽强的毅力可以征服世界上任何一座高峰！"

这里引用狄更斯的名言结尾，能给演讲者的思想提供有力的证明，增加演讲的可信度，而且显得睿智大气，具有较强的说服力和鼓舞作用。

将故事植入听众的"潜意识"中

美国作家安妮特·西蒙斯曾在其著作中描述过这样一个心理学事实："人的大多数行为都是受潜意识支配的。如果你随便问一个人：你为何要做这件事情，他们会给你一个好的理由，一个听起来很理性的理由，却与真正的原因毫无关系。原因在于人们通常没有意识到自己在做决定，更不要说做决定的原因了。"

"我们之所以那么做，原因很简单，我们从来都是这么做的。或许很久之前，有人告诉过我们要这么做，也可能是某一个瞬间，我们认定了这么做是'正确'的。"要想通过故事来改变或影响人的行为，就一定要让故事激发出来的情感渗入到听众的"潜意识"中。要做到这一点，就要让你的故事具有一种神秘的要素：注意力。

掌握了注意力和善于用故事制造注意力的人，能有效地影响或改变他人的行为。很久之前，诺贝尔奖的获得者赫伯特·西蒙就做出了预言："随着信息的发展，未来有价值的不再是信息，而是注意力。"

究竟什么是注意力？我们用一个故事来阐述：

在美国有个政治笑话，讲的是美国总统布什与 CNN 记者的对话。布什说："我们准备干掉 4000 万伊拉克人和一个修单车的。"记者不解地问道："一个修单车的？为什么要干掉一个修单车的？"此时布什拍了拍参谋长联席会议主席鲍威尔的肩膀说道："你看，没有真的关注那4000 万伊拉克人。"

这就是注意力：人们总会去关注那些不同寻常的事物，而不会去关注那些显而易见且大家都在讨论的事物。我们本质上要制造这样的"注意力"，通过一个好的故事，或者一个吸引眼球的动作，把你想要传播的信息或者要达到的意图，成功地植入他人的大脑中，从而引起人们的关注，让他们接受你要灌输的理念。

你要借用故事成功地创造出注意力，必须要使你的故事具备新鲜、独特和不可复制这三大特点，才能有强大的感染力，从而获得他人的认可，并且在认可中影响他人。

最近，克尔斯发现他的属下查理情绪极为低落，查理本是个积极乐观的人，可因为在执行一个项目时，被客户狠狠地羞辱了一番，无论查理如何挽回，那单生意最终还是被竞争对手抢走了。自此之后，查理便似乎对工作失去了兴趣，这种低落的情绪蔓延了整个销售部。

身为管理者的克尔斯觉得自己有责任挽救局面。于是，他便拍着查理的肩膀，从口袋里掏出 100 美元的钞票，开玩笑式地对他说道："我打算把这 100 美元送给你，但在这之前，请允许我做一件事情。"他说着就将钞票揉成一团，然后问道："你想要吗？"查理一向严肃的表情展露了一丝笑容说："当然要，这不是白给的吗？"

但克尔斯又说道："假如我这么做呢？"说着，他就将钞票扔到地上，又踏上一只脚，并且用脚碾它。而后他拾起钞票，钞票已经变得又脏又皱。"现在你还要吗？"查理从口袋中掏出一张纸巾，并将纸巾放在手上伸过去说："来，给我吧！你似乎跟它有仇！"克尔斯将又脏又皱的纸币攥在手中，说道："伙计，你看无论它怎样被残暴地虐待，你还是想要它。因为它的价值依旧存在，并没有因为我的踩躏而贬值。"听到这样的话，聪明的查理似乎明白了克尔斯的用意，他的潜在意识一下子被惊醒了："是啊，一个人无论被生活如何地折磨和踩躏，但谁也无法改变它的内在价值！"这时，查理笑了，克尔斯也笑了。一个微小的故事竟然警醒了查理，接下来的几天，他一改往昔的低沉情绪，又变得积极、乐观起来，整个销售团队似乎又充满了阳光。

克尔斯就是通过一个"场景故事"激活了查理的注意力，进而让他认可了故事中阐明的道理，从而改变了自己的行为。人一旦将这种影响或意识形成一种思维习惯，便等于已经将这种认识嵌入了其潜意识中，其后便会在不自觉间跟着自己的感觉走。这种思维习惯一旦形成，便很少会回头反思。一个好的故事，会先激发我们的注意力，然后再慢慢地嵌入人的潜意识中，促使我们审视无意识的选择，检验那些未经检验的思考。

要使你的故事对人的潜意识发生作用，就要注意故事感情色彩的平和性，切勿将某人逼到角落里，不要当众指责。要让他们放松、享受你的故事，带领他们的意识和潜意识在不同的观点中游走，唤醒他们的感觉和情绪，引出和激发他们的想象力。同时，在讲故事的时候，你要尽可能地利用声音、音乐、图片、意象、幽默、对话、触觉等任何能真正起作用的元素，让他们和你共同触动他们的意识及潜意识。

把握住故事的核心元素：说服力

安妮特·西蒙斯在其著作中讲到："人们更为重视他们自己得到的结论，他们只会相信真实发生在他们身边的故事。人们一旦将你的故事当成他们自己的故事，那你就挖掘出了信任的强大的力量。"即故事本身要具有极强的说服力，它是故事的核心元素。

要想让你的故事听起来更有说服力，首先故事不能是虚构的，其次也不能是夸大其词的。在一些演说类节目中，我们经常能听到一些学员爱"扬丑"，即列举出生活中的一些小故事，说自己做得如何不好，进而进行反思性总结，从而激发人们的同情心。这是许多人惯用的方法，可惜已经被反复使用。如今，你若再讲这样的故事，除了刺激听众产生厌烦、质疑的情绪外，不会起到任何的说服作用。真正有说服力的故事，应该是真实、动听和实用的，它能够快速且简洁地让人们对你的个性、经历有一定的了解，并且与自身的需求结合起来。即让人听完你的故事后，人们所产生的第一个念头就是反问自己"我是否需要它"，"它说的就是我！""怎么跟我有一样的经历！""那种体验我也曾经感受过！"，而不是"我是否已经做好了屏蔽它的决定。"

很多时候，人与人的区别就是看待事实的态度不尽相同。有些人看"事实"是不变的，他们仅着眼于当下；有些人看"事实"是变化的，他们着眼于未来。那些富有极强说服力的管理者，正是将看不见的"未来"描述得形象逼真、真实可靠，便产生了说服力和影响力。这也正说明了一个事实：态度和情感足够真诚的人，无论他说什么都会有人当他是真理。

在现实中，每一位管理者，都希望能够鼓舞下属不计酬劳，乐于服众，为团队奉献。当我们用既成事实的"当下"来讲故事时，很难起到好的效果。富有说服力的管理者，都会通过预测和描绘美好"未来"，让话语产生说服力和影响力。

下面是马云在跟公司"五年陈"员工交流时的一段讲话：

"我跟大家讲，八年以来或者说五年以来，我们这些人中，可能有些人想，反正也没有地方可去，在阿里巴巴待着挺好的。我不敢说有百分之八十，至少百分之四十的人会觉得我也没有地方可去，有一个工作做做就好，反正在这个公司是能够混下去的，于是便稀里糊涂地待下去。那些认为自己很能干、应该得到更好待遇的人都走了，那些认为肯定能够得到更高的工资，在别的公司得到更高职位、更多股权的人都走了，这些都是自认为很聪明的人，而我们这些自认为不是很聪明的人，都留了下来。

"我们今天收到了一点点的好处，但我还是想跟所有的'五年陈'讲，我们只是比别人多了一点点运气。我们在这边的人，最最低的，有没有低于一万股、两万股的？凭什么我们可以变成百万富翁，就因为在阿里巴巴干了五年吗？而且在这五年内，公司没有亏待我马云，公司也没有亏待任何员工。你说你勤奋，我说比我们勤奋的人，别说是中国，在杭州都不知道有多少。比我们聪明的人就更多了，凭什么？

"如果我们觉得，我们太能干了，这么有出息，那我觉得我们全错了。我要感谢的是这个时代，我们真的应该感谢这个时代，感谢中国、感谢互联网、感谢电子商务，当然也要感谢我们大家，我真的感谢你们。我们这些人在坚持，你们对我们的信任，我们对大家的信任，公司管理层对你们的信任，这些到现在终于收获了一些东西。

"我不知道五年以后，在座的会有多少人还会留在这里，我也不知道十五年以后又有多少人留在这个公司。我希望有二十年的员工、三十年的员工，四十年的员工，我相信，到那个时候，阿里巴巴将成为全球比较有竞争力的公司之一，到那时候，继续留在阿里巴巴的，也将会成为最有竞争力的人才。"

马云的这段话，具有极强的说服力。他的目的是激励员工勤奋，努力，能留在公司。他没有采用直接批评的方法，而是通过一系列的事实，旁敲侧击地给员工以提示。然后，又通过向员工描绘美好的未来而让他们能继续留在阿里巴巴。

美国著名脱口秀节目女主持人奥普拉曾经说过："故事，就是用语言画一幅画，然后你把这幅画，送到听众的脑中，让他看到的也是一幅同样的画面。"这告诉我们，要想让你的故事富有说服力，你必须要有真实、诚挚的态度，并且要学会运用表情、语气等制造"画面感"，给人的头脑中留下印记。

准备周密，让故事发挥出强大的"威力"

一些管理者在讲故事时，常会遇到类似这样的问题：在故事还未讲完或者故事完结后，下面的员工便对你提出了异议，或者指出了你故事中的漏洞，或者对你阐发的道理给予了反击，这会使你难堪不已。在管理中，如果你的下属或者员工是一群思维敏捷、智商高超、有思想、有内涵的人，为了避免这一状况的发生，你必须要提前做好充分的准备。你需要在讲故事之前，想清楚：要讲的故事的主旨是什么。然后，你要问自己一些问题：我依仗什么能让员工听信这个故事？这个故事在现实生活中是真的存在或发生过吗？我究竟要证明什么？它是怎么发生的？

想清楚这些问题可以深化你对要讲的故事的理解，让听众集中注意力。据说植物界的天才路德·伯班克，为了寻找一两种高级品种而培养了 100 万种植物品种。讲故事也是如此，围绕你要表达的主旨汇集 100 种思想，然后舍去其中的 90 种。

"在讲一个故事之前，我总要搜比我要使用的材料多 10 倍的东西，有时候甚至达到上百倍。"纽约一家高级培训公司的资深培训员约翰·莫德说道。他已经为上百家知名企业的高管做了几百场培训。想让那些"精英们"接纳你的理念，你必须要在事前做充分的准备。

有一次，他的行动就印证了他的话。当时，他正准备为一家金融机构的高管做一场关于提升个人领导力的培训课程。在开始前，他前往华尔街的高楼里，找他之前认识的那些高层管理者、中层管理者分别进行谈话。他从一栋大楼跑到另一栋大楼，每天出入各大写字楼，拜访了超过 100 位管理者，忙了大约一个半月的时间。约翰先生用掉了好几本笔记本，每本笔记本上都密密麻麻地记录着他的谈话内容。在他的办公室里，到处都放了关于提升执行力的可行性报告以及各种资料。

最后，他总结了四个小故事来为他的培训课程助力。这几个故事简洁而又趣味横生，是很好的培训材料。做出的这篇培训材料也许仅有几盎司，可是，那些密密麻麻的笔记本以及其他材料，即他创作出这几盎司产品的依据，却超过了 20 磅。

约翰先生知道自己获得的回报不值得一提，但他也知道自己不应该忽视任何一个部分。他是这一行业的资深专家，他把心思全部都放在收集资料上，然后筛选出"金块"来。这些"金块"保证不会有人对它产生异议。

要使你的故事在管理中发挥巨大的"威力"，就应该付出这样的努力，你必须要提前做好周密的准备，以应对讲话中随时可能发生的各种变化。比如可能由于一个不确定的观点，而改变你讲故事的方式；或者在故事讲完后的讨论时间里，回答听众向你提出的各种问题。

当你筛选好故事后，你要尽快地对这个故事进行深入的思考。一定不要"临时抱佛脚"，那样会使你的思维陷入混乱状态。你可以运用工作之余的零碎时间来琢磨你的故事，提炼你要传达给员工的理念。在驾车的途中、在等候公共汽车或地铁时，你也可以将这些时间用来思考自己的故事。也许灵光一闪的顿悟，正巧来自这段孕育的过程，因为你已经提前做了充分的思考，你的大脑早已对它做了潜意识的加工。

诺曼·托马斯是世界一流的演说家，即使面对强烈反对他的政治观点的听众也能驾驭自如，获得他们的敬佩。他说："如果一个故事对你的管理工作显得很重要，你就应该和其主题或内涵融为一体。你必须在头脑中反复地思考。你会惊讶地发现，无论是走在街上，还是在看报纸，或者准备睡觉，或者清晨醒来时，自己的故事和讲故事的方式会在头脑中涌现。平庸的思考只能产生平庸的故事，这种不可避免的现象，正是因为对故事的主旨认识不清楚。"

当你置身于这一过程中时，你会感到一种强烈的诱惑，总想把自己要表达的主旨写下来。但一定不要这样做，因为你一旦写下来，它就成了一个固定的形式，也许你自己会觉得满意了，就会停止更有价值的思考，甚至你会陷入背诵的陷阱。

马克·吐温曾这样评论背诵者："笔写的东西不是为演讲而准备的；因为它的形式是文学的，生硬而且缺乏灵活性，无法再通过嘴来愉悦而有效地传达。如果你演讲的目的是想让听众感到愉悦，而不是说教，就需要把它们变得温和、简洁，使之尽量口语化，使用一种就像平时并不怎么经过认真思考就说来的方式。否则，就会烦死整屋子的人，而不是让他们高兴。"

打动人心的关键：充分利用具体熟悉的语言

我们在讲故事时，第一个要把握的就是台下听众的注意力。要达到这个目的，除了让你的故事更富吸引力外，还有一项极为重要的技巧，就是在讲故事的时候，尽量使用能形成图画般鲜明景象的字眼。这个技巧，经常被人忽视，也没有人特别注意到这一点。那些让听众听起来轻松愉悦的故事高手，其实最善于在听众面前制造鲜明的景象。使用模糊不清、烦琐乏味语言的管理者，只会让听众打瞌睡。

景象！景象！景象！它就像你呼吸的空气一般，是免费的。可是当它点缀在你的故事中时，你就更能让听众感到快乐，也会使你更具影响力。

赫伯特·斯宾塞早年在他那篇著名的论文《风格哲学》中指出，优秀的文字能够激发读者对鲜明图画的联想：

"我们并不做一般性的思考，而是要做特殊性的思考……我们应该尽量避免这样的句子：'一个国家的民族性、风俗及娱乐如果残酷而野蛮，那么，他们的刑罚必然也是极为严厉的。'我们应将这个句子改写成："'一个国家的老百姓如果喜爱战争、斗牛，并从奴隶公开格斗中取乐，那么他们的刑罚将包括绞刑、烧烙及拷打。'"

莎士比亚和雨果的著作中都充满了图画般的字句，就像蜂蜜围着苹果汁一样多。一位平凡的作家在评论某件事情多余的时候，他会说这种努力完全是想把自己已经很完美的事情再加以改善。莎士比亚又会如何表达呢？他可以写出不朽的图画般的字句："替精炼过的黄金镀金，替百合花上彩油，把香水洒在紫罗兰上。"

那些被人们争相传诵的谚语，几乎都有视觉的效果。比如"一鸟在手，胜过两鸟在林"；"不鸣则已，一鸣惊人"；"你可以把马牵到水边，却不能逼他喝水"。在那些流传了好几个世纪而且被广泛使用的比喻里，我们也不难发现同样的图画效果："僵死得像一枚钉子"、"像薄煎饼那样平"、"硬得像石头"。

瑞丝是一家设计公司的营销总监，他指出，用视觉化的语言来讲故事是新的趋势，对于很多人来说还是一个新的名词。它背后的理念和基础其实就是设计中的普遍价值。在营销方面，他经常对他的下属说："不要过于依赖像动效和动画之类的虚头来快速吸引用户的注意，除非这些都可以引出一个好故事。否则用户也会很快的失去耐心，变得烦躁"。

瑞丝认为只有摆脱了无聊的营销话术和客套话的设计才是最有效的，这样才可以用自己的方式传递出真实的品牌价值。他说："有个与众不同的视觉语言并有点意料之外的视觉效果很重要。在用视觉讲故事时，创建一个真实性的基调是关键，如果这些不能让用户产生共鸣，那会把用户从故事中拉出来"。

用具体、耳熟能详的语言描绘出内心的景象，使它突出、显著、分明，就像落日余晖映照着公鹿头角的长影。比如，"狗"这个词一般会让人想起某种动物的具体形象：也许是只短腿、长毛、大耳下垂的小猎犬；也许是一只苏格兰犬；也许是一只圣伯纳犬。但是讲故事的人如果说出"牛犬"（一种短毛、方嘴、勇敢而顽强的犬）时，请注意你的脑海中浮现出的形象将更加具体。也就是说，要想让你的语言更为形象，具有画面感，要尽量用一些形容性的词汇，将你的故事讲得更为形象。

小威廉·史特茨在《风格之要素》中说道："那些研究写作艺术的人，如果说他们的观点有一致的地方，那么这个观点就是：能够抓住读者注意力的最稳妥的方法就是要具体、明确而详细。像荷马、但丁、莎士比亚等最伟大的作家，他们的高明之处，就在于他们在处理特殊的情境和关键的细节时，他们的语句能唤起读者脑海中的景象。"

写作是这样，事实上讲话也是如此。一位演说家曾经做过一项实验：讲述事实。在实验开始之前，他制订了一个规则：演说者必须要在每个句子里加入一个事实、一个专用名词、一个数字或一个日期。接下来，让参与演说的会员们相互指出对方话语中的毛病。几天之后，那些演说者便不再说那些只会让人感到晦涩难懂的语言了，他们说的全都是大街上普通人都能听明白的活泼的接地气的语言。

法国哲学家艾兰说："抽象的风格总是不好的。在你的句子里，应该全是石头、金属、椅子、桌子、动物、男人和女人。"所以，身为管理者，当你在向你的员工讲故事时，就要事先锤炼你的语言，想想如何使你的故事听起来更形象，更具体，更有画面感，它决定着你的故事是否能够打动人心。

感染力是"互动"出来的

要想使你的故事出"效果"，除了保证你的故事情节有足够的感染力外，还需要注意，在讲故事时，切勿将自我与员工隔离开来，即在故事开课之前，一定要在头脑中想着特定的听众。这里有几个简单的法则，可以帮助你建立起与听众之间和谐密切的关系。

1. 在故事开头，学会真诚地赞美你的员工

在管理工作中，每个听故事的员工都是由单个人组成的，他们的反应亦如个人的反应。在讲故事时，公然地批评听众，必然会导致愤懑。如果你对他们所做的值得称赞的事情表示赞美，你就会赢得通往他们心灵的护照。但这常常需要你去认真地研究。如果你以这样的话开头："各位都是公司里的核心员工，是社会的精英"，也许会被大多数员工认为是空洞的谄媚而招致反感。

表示赞美的话一定要确实地出自你的真心诚意。没有诚意的话偶尔会骗过一两个人，却不能永远欺骗员工。比如"这样高度智慧的你们……"，"来自纽约的美女和绅士的特别餐会……"，"我真高兴在这儿，因为我爱你们每一位……"请不要这样肉麻，如果你不能表示出真心诚意的赞美，最好什么也别说。

2. 与听众建立友谊的桥梁

故事开讲前，要尽快指出你与听故事人之间存在的某种直接的关系。如果你感到被邀请很荣幸，不妨就先说出来。哈罗德·罗根最近被纽约一家金融公司刚刚录用，他即将担任该公司的部门经理，在就职演说开始时，他便建立了与基层员工这样的沟通纽带。

"我很感激各位亲切的欢迎，"他说，"身为一个在行业中拥有 15 年

资历的老员工来说，能在各位的仰仗下出任经理一职，我感到十分荣幸。不过我能感觉到，我现在就任的这个职位，恐怕不是各位盛情邀请我的主要原因。"

接着，他提到自己的母亲是美国人，一直生活在纽约，他自小在这里长大，他的父亲也是一位金融人士，自己与纽约有着不解之缘。"我今天能重回故里工作，使我感到无比荣幸，"他说，"并以重温家乡的传统而无比骄傲。"

哈罗德在提到自己的母亲、父亲以及自小在纽约长大的经历，立刻为自己赢得了友谊。另一个建立友谊的方法，就是提及听众中某些人的名字。

阿尔杰·罗德是一位颇有影响力的国际会计师，他最近被一家高端财务公司挖走，为了对他表示欢迎，这家公司专门为他开了一场欢迎晚宴。在宴会开始前，他就紧挨着宴会的主持人。他似乎对宴会上的每个人都十分好奇，不停地向主持人询问，比如那个穿蓝色西装的人是谁，或那位帽子缀满了鲜花的女士叫什么。等他站起来做就职讲话时，他的举动极为让人吃惊：因为他将刚才打听到的名字用在了讲话中，那些被他叫到名字的女士或先生，脸上都洋溢着欢乐，而这个简单的技巧也为演讲者赢得了公司员工温暖的友情。

我们可以再看看通用动力公司总裁小弗兰克·佩斯是如何使用几个名字接近与听故事者的距离。他在纽约公司一年一度的晚宴上这样讲道：

从很多方面来讲，今晚对我而言是一个愉快而且很有意义的晚上，首先，我的牧师罗伯特·阿勒亚便坐在听众席。他的语言、行为和领导，已使他成为我个人、我的家人以及我们所有听众的一种激励和启示……其次，路易·施特劳斯和鲍布·史蒂文斯两个人对幸福和快乐的感悟，已从他们对公共事业的热情支持上表露无遗。能坐在他们二位中间,是我莫大的快乐……

这种直呼名字的方法,可以迅速拉近你与听众之间的距离。不过有一点你要当心:如果你准备在演说的时候用到陌生的名字,而这些名字是你通过询问得知,那么你必须确保正确无误,必须确实了解自己使用这些名字的原因,而且只能以友好的方式提到它们,同时要有一定的节制。

让听众始终保持高度注意力的另一个方法,就是在故事中使用第二人称代词"你们",而不是使用第三人称"他们",这样可以让听众保持一种亲自参与的感觉。因为有时候使用"你们"是很危险的,它可能不是你和听众之间建立亲切感和友谊的桥梁,而会造成分裂。比如,当你以智者的身份居高临下地对听众讲话或者说教时,这种情形便会发生。这个时候,最好说"我们",而不是"你们"。

3. 保持谦虚谨慎的态度

讲故事要想打动你的员工,真诚是最为重要的。当听众感受到你的那份真诚时,他们便很容易被故事所感染。

最近,诺曼·文生特接到他上司的忠告:每次给员工开会时,总是无法抓住基层员工的注意力。每次在一些重要的会议之后,很多员工都对他传达的信息丝毫不放在心上。他的上司给了他这样的建议,让他在每次开会前问自己,他对公司要他传达的那些信息持什么样的态度,对下面的员工怀什么样的情感,是否喜欢他们?是否愿意帮助他们?是否认为自己比他们的智力高出一筹?诺曼·文生特也有自己的理由:那些信息我都传达给他们了,都怪他们智力太低,每次都无法准确地理解并且记住我传达给他们的信息。

上司告诉他,如果你总是认为自己的智力或社会地位比你的员工高出一等,他们就能从你的话语中听出此种想法。如果你想获得属下员工的爱戴,最好保持谦虚谨慎的姿态。

　　身为管理者，如果你总以高高在上的姿态去与员工交流沟通，很有可能会激发他们的逆反心理，因为从心理学角度分析，每个人都会对那些高高在上的人们所说的话和做出的行为反感不已。

　　最近，艾德蒙德刚被一家大型广告文娱公司任命为设计部主管，他在管理方面确实有一套，但在设计方面却不是很精通。他在就职前，向他属下的员工讲了这么一段话：

　　"今天，我被请来履行自己的职责，心里确实有一些担心，我很清楚，在业务方面你们全都是最顶级的设计高手，我在这里是班门弄斧，在你们犀利的目光下只会暴露自己的愚蠢，不知做你们的上司是不是明智之举。第二，这是一次早会，而早晨又是一个人警觉性最差的时候，对于接下来的自我介绍我很是担心。第三，我今天通过一个故事让大家认识我，可面对高智商的你们，我确实有点担心。面对这些担心，我感觉自己就像一只蚊子，无意中闯入了天体营，不知道从哪儿开始才好。"

　　接下来，他给大家讲了一个关于个人成长经历的精彩故事，做了一场精彩的"自我介绍"。

　　以故事的形式做自我介绍时，一定要放低姿态。如果你想让他们自此敌视你，最好的办法就是让他们感觉你是高高在上的。做介绍时，就如同把自己放在橱窗里展示，你人性中的每一个侧面都能暴露出来，只要你稍稍有一点自夸，就注定会失败。但你若表现得患得患失、缺乏自信，那也会导致极糟糕的结果：你会丧失一个管理者的威信力。只要你表示出要尽力讲好，并说自己才识有限，员工就会喜欢你、尊敬你和谅解你。

故事内容有新意，才能吸引人

在现实中，一些管理者总爱去讲一些老生常谈的故事，这难免会扰人兴致，惹人反感，无法从根本上解决你管理上的难题。管理是一门沟通的学问，你说的那些沉闷老旧的话题只会让交流的气氛显得沉重乏力。身为管理者，如果懂得为你的故事增加一些新意，则很容易引起他人的兴趣，调动起大家的积极性，活跃气氛，促使彼此的交流更加顺畅。

许多管理者之所以在讲话时很容易打动听众，是因为他们在讲话时，话语中不时地会出现一些新奇的故事，同时在讲故事时还会用一些新奇的句子或词语，打破一贯沉闷的讲故事的步骤，让听众耳目一新。

下面是马云一篇14分钟的励志演讲稿，演讲的题目是"没有大量的虾米，鲨鱼会死掉"，让我们来看看马云是如何体现这份"新意"的：

"因为你聪明，团队不愿意跟你讲真话，怕跟你讲真话。一位伟人说过，让毒草长出来。让毒草长出来，意味着领导者不仅善于发现好的东西，不好的东西也要拿出来，以后再给它弄死。

"我有一个想法和要求，希望在座的人，不管你以前是干什么的，要正视互联网，欣赏互联网。这个东西真的很奇怪，我们以前搞也搞不过它，越来越搞不过它，我们还很弱小，我们到现在为止没有超过一百亿美金市值的公司，你说能成为世界级的伟大公司吗？人家都搞到一千七百亿了。但是不等于不存在互联网的精神。

"我为什么去做阿里妈妈（与阿里巴巴不同，是一个数据营销平台）？因为互联网的文化是一个生态链，互联网绝对不可能成为几个超级大网站独霸的天下，一个海洋里绝对不可能只有几条鲸鱼、鲨鱼，而没有大量的虾米。没有小的东西，鲨鱼、鲸鱼都会死掉。阿里巴巴必须要有生态链，我们必须为将来自己生存的环境而发展。

"无数的中小网站、博客、论坛，这些不能活下来的话，我们鲨鱼会死掉。为这些环境做事情的时候，你这个企业会做得更为强大。

"阿里巴巴要感谢中小型网站，没有中小型网站，新浪、网易门户封杀的时候，淘宝就没了，至于赚不赚钱，我们 forget it（不必在意）。今天阿里巴巴有这个能力做一些围绕着战略做的事情，战略永远是重要而不紧急的事情，但是生态环境是很重要也很紧急的。"

马云在讲述"互联网生态链"的时候，并没有老生常谈，而是用了自然界生态链的说法，从侧面反映互联网缺乏小型资源的弊端。这便是不死板、不程式化的一种表现。

古人曾有诗云："绿荫不减来时路，添得黄鹂四五声。"在映入眼帘的满目绿景之中，又传来黄鹂的欢快叫声，那么就会别有一番情趣，更能吸引人心。同理，如果我们能在平时讲故事时，巧妙地加入一些新的东西，就能使我们的故事充分体现出迷人的魔力和积极的影响。

林语堂先生在任教期间，一直深受学生们的爱戴和敬仰，跟随林语堂先生，永远是轻松愉快的。

林先生从不要求自己的学生死记硬背课本或古诗文，而且他上课用的课本也不固定，通常上课的主题是从报纸或杂志上选来的优秀故事，谓之《新闻文选》，生动有趣，令学生们不由自主地想参与其中。

林先生不会像老套路一般地讲解，而是用类似之意来相互比较。比如他讲"笑"，他会分别讲出"大笑"、"微笑"、"痴笑"、"假笑"等多个幽默的故事来诠释这些不同的笑的含义，让学生们不觉得枯燥而疲惫，反而能举一反三，受益匪浅，大感兴趣。

很多先生习惯性地会在学生面前摆出一副严谨庄严的架势，以显示自己的威信。然而林先生则从不正襟危坐，而是笑语连篇，或在讲台上踱来踱去，或靠在讲台前，或干脆一屁股坐在讲台上面，或坐在椅子上面，有时候甚至将脚架在讲台前，十分不像一位老师的形象。但同学们很是喜欢这样的林先生，不知何时，又会冒出千奇百怪的新故事。所以，在林先生的课堂上面，不需要严肃与恭敬或特别地聚精会神，因为学生的注意力从来不会离开他那张口若悬河的嘴巴。

做老师和做管理，有相似之处，都是通过教育的方式让学生或员工领会你的意图、思想，进而听从你的教导。林语堂以富有新意的故事与教学方法，赢得了学生的喜欢，可谓是高明。

但是在现实中，很多管理者会问：如何才能让故事富有新意，吸引人呢？实际上，你只需要把握两个原则就可以赢得听众的兴趣了：

第一，要尽量使你的故事富有戏剧性；第二，要使你的故事富有传奇性。

我们都知道特洛伊木马的故事：当年的希腊联军围困特洛伊久攻不下，于是便假装撤退，留下一具巨大的中空木马，特洛伊守军不知是计，将木马运进城中作为战利品，待夜深人静之时，木马中的希腊精锐士兵一举反击，拿下了特洛伊城。这个故事因为情节的冲突和反转，让故事具有了戏剧性和传奇性，所以才得以流传下来。

当然，身为管理者要讲出富有戏剧性和传奇性的故事，需要提升自我的思维能力和编故事的能力，这是一个漫长的"修炼"过程。但只要你勤于练习，你一定会拥有极强的故事力。

第九章

讲出好故事的实用方法：
不同的故事以不同的方式去讲

　　对于管理者来说，要讲出好故事，就先要清楚你讲故事的目的是什么。你是为了说服员工，还是为了用故事来传达理念，抑或是想用故事来提升个人影响力，或用故事来说明一个问题或产品等，你讲故事所达到的目的不同，讲故事的方式也应该是不同的。比如，要讲好激励性的故事，你需要注意描述细节、委婉地表达自己的观点，同时也要富有激情地将故事讲出来；要讲好说明性故事，就要避免使用"专业术语"等……总之，要想让故事有效解决你的管理难题，就要先明白你讲故事的目的，然后再做必要的准备，有的放矢。

明确且牢记：你讲故事的目的是什么

罗拉是洛杉矶一家大型洗化用品公司的总经理，最近，因为公司要扩大规模，决定向南美洲大力拓展市场业务。这是近几年来公司做出的最大的战略性决策，为了使这个战略决策更好地传达下去，公司让罗拉针对此做一次会议演说。糟糕的是，罗拉召集公司的中层领导者后，向他们大谈什么"国际洗化用品的市场分析"，以及"全球的业务范围分布"等，员工们听得云里雾里，丝毫搞不清楚，他要讲些什么。为此，私下里有位同事茫然地抱怨，他还不如发表一篇谁也不懂的"宇宙理论"的学术演讲，反正效果是一样的。

他是一位真正的管理者，他在管理方面的手段很是令人折服，但面对这些员工他却失败了，因为他根本没有想清楚自己讲故事的目的是什么，自然也不知道该如何去将故事讲好。

现实中，一些管理者都曾犯过类似于罗拉的失误。他们本想在会议上发表一篇精彩的演说，却因为没能明确讲话的目的，而使自己陷入语无伦次的尴尬境地。

在管理中，我们讲话的目的是什么呢？无论你是否深入思考过这个问题，实际上，任何讲话一般包括以下所列的四个目的之一：

1. 说服员工采取行动。

2. 说明工作的具体情况。

3. 增强印象或者提升个人影响力，使人信服。

4. 给员工带来快乐。

要深刻地理解这一点，我们就以林肯总统的一系列具体的讲故事经历来说明吧。

很少有人知道林肯曾经发明过一种装置，它可以将搁浅在沙滩或其他阻碍物中的船只吊起来，并获得了专利。他在律师事务所办公室附近的一家机械厂里制作了这种装置的模型，每当有朋友来看模型时，他就会不厌其烦地通过一则小故事更形象地讲解它，这种讲解的主要目的，就是通过故事来说明情况。

后来，他在葛底斯堡发表不朽的演说，第一次和第二次总统就职演讲，在亨利·柯雷去世时做的悼词……这种演说的目的是增强听众的印象，使他们信服。

林肯对陪审团讲话时，想赢得有利的决定；发表政治演讲时，想赢得选票。这种演讲的目的，就是让听众采取行动。而在林肯当选总统的前两年，他曾经精心准备了一场关于发明的演讲。他本想给人们带来一些快乐，这是他想达到的目的，可惜在这方面没有成功。他原本想当一个大众演讲家，结果遭到了挫折，甚至有一次，竟然没有一个人来听他的故事。

与他这方面的演讲相比，林肯的许多其他方面的演讲获得了神奇的成功，其中一些演讲被称为人类语言中的经典之作。为什么他能成功呢？因为在这些演说中，他始终明白并且牢记自己的目的，并且知道怎样达到这个目的。

但是有许多演说者却不能把自己的目标与听众的目标相结合，所以手忙脚乱，说话结巴，在这样的心境下说出的故事当然会缺乏感染力。

身为管理者要想在企业中展现你的故事力，一定要牢记你讲故事的目的是什么，要达到怎样的管理目标，然后有针对性地将材料组织好，再将它流畅地讲出来，以达到自己的目标。要做到这一点，当然有一定的秘诀和方法，这个秘诀就是：

首先，描述故事的细节，生动地说明你希望传达给听众的理念；

其次，详细而清晰地表达你的观点，确切地说出你想让听众做什么；

最后，陈述缘由，向听众强调，如果按照你所说的去做，他们会获得什么好处。

这三个步骤，可以成功地吸引听众的注意力，并让他们听清楚你故事中所讲的重点。在现代快节奏的职场中，职员们都希望管理者们能够以最直接的语言，一针见血地说出要说的话。他们习惯于听精简而浓缩的"说教"，这就要求管理者，在讲故事时，按照以上的三个步骤，清晰地表述你的故事及观点。

我们看看列兰·史多是如何通过事例或事件来打动听众，让他们支持联合国儿童救援行动的。

我祈祷自己再也不要为此而奔走呼吁了：一个孩子和死亡之间，只差一颗花生。试想想，还有比这更凄惨的吗？我希望在座诸位也永远不要这样奔走呼吁，永远不要活在这种悲惨的记忆里。如果某一天，你在雅典被炸得千疮百孔的工作居所里，听到了他们的声音，见到了他们的眼睛……可是，我记忆中所留下的一切，只有半磅重的一罐花生。当我费力地打开它时，一群群衣衫褴褛的婴儿将手伸向我，都只剩皮包骨头的小手抽搐地伸张着。我尽力使每颗花生都能起作用。

在他们疯狂地挤拥之下，我几乎被撞倒。我举目一望，只看到上百只手：乞求的手、抓捏的手、绝望的手——全都是瘦小得可怜的手。他们这里分一颗盐花生，那里分一颗盐花生。有6颗花生从我手里掉了下来，那些瘦弱的身体在我脚下争抢着。他们在这里分一颗，再在那里分一颗。数以百只的手伸向我，请求着；数以百计的眼睛闪亮着希望的光芒。我无助地站在那里，手里只剩一个蓝色的空罐子……啊，我希望这种情况永远都不要发生在诸位身上。

实际上，这三个因素，不仅可以运用到管理中，还可以运用到商业书信的写作中，母亲也可以用它来激励孩子，而孩子也会利用它向父母提要求。总之，这种方法就像是一种心理利器，可以在日常生活中将你的观念成功地传达给别人。

这个"三步法"当然也适用于营销界。伊弗雷迪电池公司最近在广播和电视上做一系列广告，就是根据这三个法则来创作：

首先是主持人讲一个故事：深夜某个人因事故而被困在一辆翻倒的汽车里。主持人绘声绘色地描述这个意外之后，又请出亲历者告诉观众，他是如何通过使用装有伊弗雷迪电池的手电筒发出亮光，及时为他带来援助的。然后，主持人再回到他的目标，点出"重点和缘由"："购买伊弗雷迪电池，你就可以在类似的紧急故事中生存。"

这些故事都来自伊弗雷迪电池公司的真实档案资料。我不知道这套广告帮助伊弗雷迪公司卖了多少电池，但我们可以确信使用这三个原则真的很有用，可以有效地向听众陈述他们应该去做或避免去做的事情。

描述细节：让个人故事震撼人心的妙方

以自己的亲身经历来为员工做激励，是管理中常见的一种方式。以你的亲身经历做例证，能增加故事的可信度，但是你在这样做的时候，应该用那些曾给你带来启示的经历或经验，而不是随意挑选一段生活经历。因为从心理学的角度分析，人们学习的方式有两种：一是习律，即指由一连串的类似事件来改变人的行为模式；二是效应律，即让单一的事件产生强烈的震慑力，并造成人们行为的改变。在人生中，我们的一些习惯或行为多半是受这些经验的指导。如果能够将这些事件重新组织起来，就可以把它们变成影响别人行为的事实基础。我们应该很容易做到这一点，因为人们对言辞的反应和对实际发生的事情的反应都相似。

在将"自身经历"用来说故事的时候，一定要把自己经验中的东西重新总结，使听众产生与你当初一样的感受。为了达到这样的效果，你需要将你的经验清清楚楚地叙述出来，突出其特点，并使之富有戏剧化，让它们听起来更为有趣，也更有力量。你可以从以下几点出发来达到目的：

1. 讲述那些能带给人强烈警示感的事件

如果你讲的个人经历是曾经对你的生活造成强烈冲击的单一事件，那将会很有威力。事情的发生也许就几秒钟的时间，可是就在那短短的一瞬间，你已经学到了难忘的一课。比如，培训师安德烈在为员工们讲述关于火灾消防的安全问题时，讲了一个他的邻居家里失火后，从18楼的窗户逃命的惊心动魄的故事，给人留下了深刻的印象。每个人都会想如果自己遇到了类似的事件，一定会听从他的忠告而尽量留在窗边，等待救援的到来。再比如，企业中一位资深的机床车技术工人，在给新来的员工授课的时候，会讲一个因为他自己的某次疏忽而忘记了调节一个零件，致使工厂里4000多万美元的产品订单全部报废的经历，所有受训者，在听到这个重大事故后，一定会将这个细节谨记在心。

一次使你永远无法忘记的经验或教训，是说服员工的有力素材。你利用这样的事件，可以打动听众让他们采取行动，因为听众会想既然你已经遭遇到这样的事情，他们也可能会遭遇到，最好听你的忠告，做你希望他们做的事情。

2. 开门见山叙述故事的细节

很多管理者在讲故事时，总是会以一些琐碎的道歉式的客套话来开场，听众自然对此提不起兴趣。要使你的讲话在刚开始就能抓取听众的注意力，那就不妨学着去"开门见山"。

下面我们也列举一些开场白，它们都会像磁石一般吸引我们的注意力：

"在前年的冬天，我发现自己躺在医院的病床上"；

"昨天早饭时，我妻子正在倒咖啡……"；

"去年 7 月，当我快速地驾车驶下 42 号公路时……"；

"我办公室的门被打开了，我们的领导查尔斯突然闯了进来"；

"我正在湖中央钓鱼，抬头看到一艘快艇正向我驶来"；

如果你的开场白中讲清楚了人物、时间、地点、事件和发生的原因，你就是在使用最古老的获取听众注意力的沟通方式。"从前"是一个极有魔力的字眼，它可以打开孩子们幻想的水闸。采用相同的趣味方式，你也能一开口就抓住听众的注意力。

3. 使你的"个人故事"充满细节

细节本身并不具备趣味性：到处散置着家具和古董的房间并不好看，一幅图画全是不相关的细物也无法让人们停留注视。同样，无关紧要的细节太多，也会让你的故事显得无聊、琐碎。所以，你必须选择那些能突出你的故事重点和缘由的细节。如果你想告诉你的员工，在做文案时应注意格式，你应该详细地讲述你某次因为不注意格式而影响到整个营销进程，从而给公司带来重大损失的故事。相反，如果你讲述当时要做的是一个什么样的文案，它是如何被运用到营销中，这只会遮盖重点，分散听众的注意力。

如果你能够围绕话题重点，用相关的细节来渲染你的故事，这确实是最好的方法。它可以重视当时的情况，让听众感觉如在眼前。相反，如果只说你因为疏忽文案的格式而给公司带来损失，很难让听者谨记教训，因为这样的方法不会让人感到吸引力。如果把惊心动魄的经历转化为语言，使用各种辞藻来表达你的切身感受，那么员工就会把这件事情深深地烙在大脑中。

不可否认，在故事中添加细节，很容易让听众身临其境。毕竟你的目的是要让听众看到你所看到的，听到你所听到的，感觉到你所感觉到的。而要做到这一点，唯一的方法就是使用丰富而具体的细节。所以，在故事开讲前，要懂得交代下面的内容：何人？何时？何地？如何？为什么？你必须用图画般的词汇去激发听众的想象力。

4. 叙述事例时让经验重现

除了运用图画般的细节之外，我们还应该让故事的情境再现。这就需要你在讲故事时善于运用面部表情或者肢体语言，来丰富你的故事。如果在为员工讲解消防安全常识时，你想描述一场火灾，那么就可以通过讲述与火焰搏斗时人们感受到的激烈、焦灼、兴奋、紧张的感觉，并将这些传递给员工。你想讲述早晨出门时与邻居发生冲突时的经历吗？那就通过你的语气、表情或其他肢体语言将其戏剧化地呈现出来。这样可以让听众对你的故事记忆深刻。只有让故事深深地刻在听众的脑海里，他们才会记住你以及你希望他们去做的事情。

此外，在故事中加入"戏剧化"的肢体语言，也可以使它听起来更有趣，更具有说服力，也更容易理解一些。

表达观点：直接引出问题，提出对员工的诉求

当通过以上四个方法让你的故事深入人心，达到说服或让员工采取行动或改变主意的管理目的后，你还需要在故事讲完后，留出一分钟的时间来表达你所期望他们采取的行动，以及他们采取这种行动后会有怎样的好处。即你需要简明扼要地告诉听众，你希望他们做什么。人们一般只会做他们清楚地了解的事情。所以，你最好先问一下自己，在听众听完你的故事后，你要他们做什么？像写电报稿一样把重点写下来，是个不错的主意，尽可能地精简字数，又要使其清楚明白。不要说："接下来大家请努力工作吧。"因为这样太过笼统。你应该这样说："努力和不努力工作给你后面的人生所带来的影响千差万别，我希望大家不要做

出让自己后悔的选择。"

在向听众讲明自己的重点和对行动的请求时，务必把自己要强调的重点和对行动的请求讲得让听众容易理解和实行。最好的方法之一就是要明确。比如，你想让销售员加强记忆人名的能力，不要说"现在便开始加强你对人名的记忆"，因为这样太过笼统，让人无从做起。不如说："在你遇到下一个陌生人的 5 分钟之内，把他的姓名重复 5 次。"

你对听众给予明确的行动指示，比概略的言辞更容易成功地引发听众的行动。"去讲堂后面，在祝贺康复的卡片上签名"，要比劝听众寄一张慰问卡，或者写信给一位住院的同学更好。

使用否定还是肯定的语气来叙述，应该取决于听众的观点。这两种方式之间其实并没有好坏之分。有时以否定方式说明应该避免的东西，比用肯定陈述的请求更具说服力。"不要做摘灯泡的人"，是否定的措辞，还是若干年前为了销售电灯泡而设计的广告语，取得了不错的收效。

陈述缘由：说明原因或听众可能获得的利益

最后一步，就要向听众说明讲故事的动机，或者告诉听众，如果按照你的要求去做，他们会有怎样的收获。这样就可以使人产生自我改变的动机，从而使你的故事发挥效用。此处需要注意两点：

1. 阐述的缘由必须与故事密切相关

在故事讲完后，你需要用一句话讲明好处。你说出的好处，应该是从你所讲的故事中引出来的，或得出来的结论。如果你想说努力工作的意义，你就必须要讲明员工通过努力工作后，生活或人生会发生哪些有益的变化，这种益处包括生存需求的改善和人生成就感或自我满足感的提升等。

2. 你必须强调一个理由，仅仅一个就足够

在现实中，许多销售员都会举出半打的理由，劝说你为何应该购买他的产品。身为管理者，要使员工支持你的观点，你也同样可以试着举出几个理由，让他们支持你。这些理由一定要与你所讲的故事有密切的联系，最好选择一个最突出的理由或者利益。说给听众的最后几句话应该清楚而明确，就像刊登在全国性的杂志里的广告词那样。

在营销学中，没有哪个广告会一次推销两种或者两种以上的产品或理念。在销售量很大的杂志中，也没有一个广告使用两个以上的理由来说明你为什么应该购买某种商品。同一个公司也许会从一种媒介改为另一种媒介来刺激消费者的购买动机，如从电视改成报纸，但是同一家公司却很少在一个广告中做不同的诉求，无论是口头上的还是视觉上的。所以，身为管理者，你向听众强调理由的时候，一定不要说多，而应该重点去强调一个理由。

说明性故事：如何将故事讲得富有条理

一次，一位政府高级官员把美国参议院调查委员会搞得坐立不安、如坠雾里，也许就像你经常看到的某些领导讲话那样。此人不停地说话，却含糊不清，毫无重点，根本没有把自己的意思表达清楚。整个委员会对他说的问题越来越感到困惑。最后，一位来自北卡罗来纳州的参议员小撒姆尔·詹姆斯·艾尔文终于抓住机会，说了几句精彩的比喻。

他说，这位官员让他想起家乡一个男人来。这个男人通知律师，说要和他老婆离婚，不过他却承认她很漂亮，是个好厨子，而且还是个模范母亲。

"那你为何还要和她离婚？"律师问他。

"因为她总是说个不停。"这个男人说。

"她都说些什么呢？"

"就是这个让人讨厌呀，"男人说，"因为她从来没说清楚过。"

这是很多管理者都会遇到的问题。他貌似在表达，但大家都不知道它究竟要说什么，他们也从来没有说清楚过，也从来没有把自己的观点表达得富有条理，更没有把自己的意思讲明白过。

在现实管理工作中，对员工讲一些"说明性"的话语是必不可少的。比如对某项工作提出说明或指示，给予解释或报告。可许多管理者在交代这些问题的时候表达不清，很容易让人产生误解或歧义，从而做出错误的行为。美国工业巨子欧文·杨曾向管理者强调清晰的表达在管理工作中的重要性，尤其是在给员工或上司讲故事时，这种富有条理的表达则显得更为重要。

威廉·詹姆斯教授曾向一些教师提出，一个人在一次演说中只能针对一个要点。他所说的"演说"指那种带有故事性的演说。即当你想通过讲故事的方式给员工说明某个问题时，比如说公司的战略思想、产品说明书等，你需要理清楚思路，将说话的重点归纳到一个点上面。曾经有一位管理者在给自己的员工讲一项新技术的使用方法时，他说："我将会在几分钟内通过一个故事来说明，共 11 个要点。"这表明，他想通过一个小故事，来说明 11 个要点。这就会使他的故事显得混乱不清，说明功能被降低。很多管理者之所以表述不清楚，是因为他总是想用一个故事来说明诸多问题，因此，他在故事讲完后，想说明问题的时候，会像只敏捷的山羊，飞快地从这一点跳到那一点。这个时候，听众就会觉得混乱不清。要解决这个问题，就要在讲故事时明确地表示：现在要先讲哪一点，接下来再讲哪一点。然后再逐一说明。比如"在这里，我主要阐明的观点是……其次是……"

拉尔夫·布切尔博士曾经担任联合国助理秘书长，在纽约罗切斯特城市俱乐部主办的一次重要演讲中，直截了当地说："今晚我选择的题目是'人际关系的挑战'，对此，我想通一个故事来讲明两点："首先……其二……"接下来，他在讲故事时，在中间的某个间隔时间补充道，'这正说明了我刚才的第一个论点'，从头到尾，他都专注地让听众明白他的每一个重点。他引领听众，最后得出结论：

"我们不能对人类向善的天性失去信心。"

在美国国会联合委员会以想方设法试图刺激一度停滞不前的商业为主题的会议上，经济学家道格拉斯以税务专家和伊利诺伊州参议员的身份讲话，巧妙而有效地使用了相同的办法。

他是这样开始的："我今天讲话的主题是：最迅速、最有效的行动方式是对中低收入阶层减税，因为这些群体几乎会花光他们所有的收入。"然后，他开始讲他的一位朋友的日常故事，并在讲故事的中间，加入了个人要说明的具体观点。用了"首先……其次……再次……"

他最后说："总之，我们需要的，是立即对中低收入阶层实行减税措施，以增加需求与购买力。"

运用富有层次和逻辑性的词语穿插其中，然后再顺着逻辑将你的故事讲述出来，这样就可以形象地让人理解你要说明的问题。此时人们就会觉得你的整个讲话内容是流畅的，故事是富有条理的，很容易发挥故事的强大的"说明性"功能。

要加深人们的理解力，你还需要注意另一个问题，在讲故事或描述问题的时候，切勿使用专业术语。

如果你从事的是某项技术性的专业工作，比如律师、医生、工程师，或者是高度专业化的行业，当你向外行人介绍或说明情况时，必须加倍小心地使用浅显易懂的语言来解释，同时还应注意加上必要的细节。

之所以要加倍小心，是因为很多管理者或培训者在讲完一些内容后，台下的员工一脸茫然，原因是他们爱使用"专业术语"，爱"拽词儿"。要避免这个现象的发生，我们可以尝试使用纽约一位资深培训师贝弗里奇的建议：

一个绝妙的方法，就是从你的员工或听众中选一位看上去最不聪明的人，然后努力让那个人对你讲的内容感兴趣。你只有用清晰易懂的语言来叙述，并清楚地说明你的观点，才能做到这一点。另一个更好的办法，就是把你的演讲目标放在那些由父母陪着的小男孩或小女孩身上。

你要在心里对自己说，当然，你也可以大声对你的听众说出来，如果他喜欢的话，你会尽量讲得简单明白一些，让小孩子也能够了解并记住你的解释，而且会后还能够把你所讲的告诉别人。

亚里士多德说过："思维和智者，说话如常人。"如果你必须使用专业术语，那只有在给听众解释过之后再使用，才能使他们都能听懂。

一位证券投资人要给他的客户做一次关于银行与投资方面基本原则的演说。他使用了简单的语言和轻松的谈话方式使她们放松下来。本来他每件事情都说得清清楚楚，但是对于一些基本词却没能说清楚，这些词对她们而言却极为陌生。比如他提到了"票据交换所"、"课税与偿付"、"退款抵押"以及"短期买卖和长期买卖"。结果，本来是一场精彩动人的讨论却变成了一团雾水，因为他不明白听众为什么对他的专业术语不够熟悉。

有时候即便你知道某个关键词听众不会了解，也没必要去避开它，只需要在使用时尽快解释清楚就可以。总之，你要确保听众对这些专业术语或关键词的了解与你一样。

使故事可视化：使用视觉辅助工具

科学研究表明，通过眼睛通往脑部的神经，比从耳朵通往脑部的神经要多好几倍；而且科学实验发现，人们对眼睛暗示的注意力是对耳朵暗示的 25 倍。这些都说明了"百闻不如一见"说法的科学性。在管理中，要想使你的故事足够清楚、明了，给人留下深刻的印象，可以尝试使用能够刺激视觉的辅助工具，即使你的故事"可视化"。这正是国家收银机公司创始人帕特森采用的方法。他为《系统杂志》写了一篇论文，简要说明了他向工人和销售人员开会时经常使用的方法：

我认为，一个人不能仅仅通过言语就希望别人了解他的想法，或是抓住别人的注意力。我们需要一些具有戏剧性的辅助工具，最好的方法是使用图片，用图片来表现对和错的两面。图表比仅用语言文字更具有说服力，而图片比图表更具有说服力。表现某一主题最理想的方法，就是给每一部分都配上图片，而语言文字只是与图片配合的手段。我很早就发现，和人们交谈时，一张图片往往要胜过我的任何话。

如果你使用一张图表，一定要让它足够强大，让人们可以看清楚。还要注意图表不宜过多。一长串的图表有时会令人感觉无聊。如果边讲边画，那就一定要在黑板上简单而快速地画，听众可对伟大的艺术作品并不都感兴趣。使用缩略语时，要写得大而容易辨认；在画图或写字的时候，不要停止你的讲话，要随时转身面对听众。

阿米尔·琼斯是一家科技公司的技术总监，在平时的管理工作中，他很是善于用"右脑思维"来解决管理难题。即通过刺激员工或客户的右脑式思维，将一些管理理念跟一种个体感受结合在一起，从而引发更深层次的绑定效果。这种形式的最好体现就是讲故事。

　　为了进一步刺激人的"右脑"，他在讲故事时还会尽量使用一些辅助工具，比如视频就是一个能化腐朽为神奇的有效武器。视频可以从视觉上刺激感官从而引发个体感受，也可以把一个复杂的概念简单化，也可以去强调一些容易被忽视但是特别重要的跟其他产品的本质区别。

　　最近，他的团队刚开发了一款新的电子绘图工具。这种产品在市场上的占有率远远地超过其他电子绘图工具，尤其是在开发模拟图形工具方面独树一帜。它独特的"铅笔"触针加入了手掌按压感测技术，成为新一代绘图工具。不过阿米尔·琼斯在营销上并没有耗费大量的时间去解释这种新式技术的细节，或者试图讲述这种"铅笔"技术的先进性，他们只是用一个无声视频来现场演示艺术家是如何使用"铅笔"作画，观众自然可以直观地感受到这项技术的优势。

　　视频、照片、图像等可视化工具，可以使你的产品故事更形象，能够最大限度地刺激人的右脑，加深对你产品的印象。

　　在利用展示时，要注意以下的建议，这可以保证你能够抓住听众的注意力。

　　1. 展示物应事先藏好，直到使用时再拿出来。

　　2. 使用的展示物应该足够强大，使最后一排的人都能看清楚。听众如果看不见展示物，展示物就不能起到应有的作用。

　　3. 讲故事的时候，不要将展示物在听众中间传播。你大概不想给自己找个对手进行竞争吧？

　　4. 展示物品时，把它举到听众看得见的高度。

　　5. 记住，一件能够打动听众的展示物要胜过10件不能打动人的东西。所以如果可以，不妨先示范一下。

　　6. 讲故事时，不要盯着展示物——你应该与听众沟通，而不是和展示物沟通。

　　7. 展示完成后，尽快地收起展示物，不再让听众看到。

8. 如果展示物非常适合做"隐藏处理"，就把它放在桌子边上，讲话时把它盖住。讲故事时，不妨多提及它，还会引发听众的好奇心，不过不要告诉听众它是什么。当你展示它的时候，你早就引发了听众的好奇心、猜想和真正的兴趣。

视觉材料在增强故事的感染性和说明性效果方面，显得极为重要。除非你早就胸有成竹，否则与其用言词表达你的意思，还不如展示给听众看，除此之外没有更好的方法能够保证听众会听明白。

说服性故事：获得听众赞同的有效方法

沟通学大师卡耐基说过一句话：任何想要说服别人，激发对方情感的场合，你都需要故事，只有故事才能够引发共情。对于管理者来讲，说服是一项最基本的管理技能，领导的过程其实就是说服的过程。在实际工作中，每个管理者都必然面对着一系列纷繁复杂的矛盾和问题，以及盘根错节的人际关系。在企业中，管理者如何从心理上说服进而去征服别人，形成合力，完成工作任务，具有举足轻重的作用。

在 1995 年，世界银行知识管理项目的总负责人斯蒂芬·丹宁向世界银行的官员们讲述了这样一个故事：

赞比亚卡马那市的一位医生苦于找不到治疗疟疾的方案，最后登录美国亚特兰大疾病控制中心的网站，在很短的时间内获得了想要的全部信息。

也就是这个故事，让世界银行官员们决定把世行改革成一个知识分享的组织。一个故事让一个官僚组织彻底改革了，这就是故事的说服力量。

使你的观点获得赞同，是管理者实现管理任务的重要目标。要使你

的故事具有说服力，首先要赢得听故事者的心，让他们从你讲故事时的
情感体现，比如真诚、关切、热情等，以及故事的感染力和真实度等方
面，获得情绪上的感动或思维上的改变。

要使你的故事发挥说服的功能，你可以从下面几点去努力：

1. 以真诚赢得信心

公元一世纪罗马著名的演说家昆体良称作演说时你必须是个"擅长
讲话的好人"。好人在这里指的是真诚和个性。对此，约翰·皮尔宠
特·摩根说，个性是获取听众信任的最好方法，同时也是获取听众信心
的最好方法。

"一个人说话时的那种真诚态度，"亚历山大·伍柯特说，"会让他
的声音焕发出真实的光彩，那是虚伪的人假装不出来的。"

如果我们的目的是想要说服别人，那就特别需要发自内心的诚挚的
自信，以这种内在的光辉来宣讲自己的理念。我们只有自己先说服自
己，然后才能设法去说服别人。

2. 获得听众的赞同

前美国西北大学校长华特·狄尔·斯科特说："每个新的意见、观
念或结论被提出来时，都会被认为是真理，除非有相反的理念阻碍，则
另当别论。"这其实是要求获得听众的赞同。哈瑞·奥佛斯特教授在纽
约社会研究中心，极为清晰地阐释了这种说法的心理背景：

有技巧的管理者，一开始便能够获得听众许多赞同的反应。他能够
借此引导听众朝着赞同的方向前进。它就像撞球游戏中的弹子运动，把
它往一个方向推动后，若想让它转一个方向就要费一些力气；如果想把
它推到相反的方面，则需要花费更大力气。

心理的转变在这里可以看得很清楚。当一个人说"不"，而且内心
真的反对的时候，他所做的不仅仅是说"不"这个简简单单的字。他的
整个身体：腺体、神经、肌肉，都会把自己包裹起来，进入一种抵抗的

状态。通常，他会有微小的身体上的撤退，或做好撤退的准备，有时甚至表现得非常明显，整个神经、肌肉系统都戒备起来拒绝接受。相反，当一个人说"是"时，他就绝无撤退的行为发生。这时他的整个身体都会处于一种前进、接纳、开放的状态。所以，如果从一开始我们就能够获得越多的"是"，就越有可能成功地抓住听众的注意力，让他们接受我们的建议。

获得听众的赞同，是极为简单的技巧，但往往容易被忽视。人们常以为，如果一开始就采取一种敌对的姿态，似乎就能显示自己的重要性，于是激进派和保守派的人在一起开会时，不用片刻大家就会火冒三丈。这样做究竟有何好处呢？如果这样做仅仅是找点刺激的话，还情有可原；可是如果希望通过这样做来达成什么目标的话，未免显得太过愚蠢。

如果一开始就让学生、顾客、孩子、丈夫或妻子说"不"，然后再想把这种有增无减的否定转变为肯定，恐怕需要神一样的智慧和耐心了。

如何一开始就获得你所希望的"赞同反应"呢？其实很简单。让我们看看林肯说的秘密：

"我展开一场讨论并最终获胜的秘诀，是先找到一个大家都赞同的基准点。"即使在讨论尖锐、对立的奴隶问题时，他都能找到这种共同的基准点。《明镜》这家中立的报纸在报道他的一场演讲时，这样叙述道："前半个小时，他的反对者几乎会同意他所说的每一个词。然后，他会抓住这一点，开始领着他们向前走，一点一点地，最后把他们全部都引入自己的目的地。"

演说者与听众争辩，只会激发听众的固执，使他们拼命防守，几乎不可能改变他们的思想。这不是很明显的事实吗？宣称"我要证明这样是否明智"，是否明智呢？听众会认为这是一种挑衅，并且无声地说：

"那咱们不妨走着瞧！"

如果一开始就强调一些听众和你都相信的事情，再提一个每个人都愿意回答的问题，这样是不是有利得多呢？然后，你可以带着听众一起去寻找答案。在这个过程中，你把十分清楚的事实陈列在他们面前，他们就会接受你的引领，同意你的结论。这种由我们自己发现的事实，会让我们有更多的信心。"看似一场解说的辩论，才是一流的辩论。"

在各种争议中，不论分歧有多大、多尖锐，总会有一些共同的地方可以使讲故事者与听众产生心灵的共鸣。这里可以举一个例子说明：一家公司的基层员工对高层做出的一项取消员工带薪假期的决议表示不满，这引起了员工的集体抗议。阿德作为公司的高层，出面解决此事。他并非在一开始就阐述公司和员工之间的这种分歧。开始他只是强调员工在近几年来为公司做出的卓越贡献。然后，他才巧妙而机智地提出了员工们内心的愤慨，他指出，如果自己无缘由地被取消假期，一定不会善罢甘休的（指出分歧），但是，他在最后指出，他非常了解这些分歧都是因为公司没能及时举办一场沟通会议，这几年因为受同行"价格战"的影响，产品的利润变薄，公司业绩不景气。接下来，他给大家讲了销售部几位员工在销售过程中面临种种窘境的故事，使大家的怨气顿时烟消云散。

无论你的员工多么坚决地想和你对抗，但是若听到这样的言论，他也会理解你的公正坦诚之心，从而化解和消除怨气。

3. 热情而富有感染力

当讲故事者用富有感情和感染力的热情来借助故事阐述自己的信念时，听众很少会产生相反的想法。故事的感染力，多数都源于你的热情。它会将一切否定和相反的理念抛及一边。你的目的是借助故事说服别人，因此请记住，动之以情晓之以理的效果会更好。情绪要比冷静的思维更有威力。要激发听众的情感，你自己必须得先热烈如火。即便一个人能够使用精美的词句，故事的情节很吸引人，声音很和谐，手势很优雅，但若不能以真诚的态度来讲述，这些全部都会变成空洞而无用的装饰。要让听众印象深刻，你自己就应该先有深刻的印象。你的精神会由于你的双眼而闪现出光彩，会由于你的声音而向四面辐射，会由于你的态度而自我抒发，于是它便得以和听众沟通。

身为管理者，当你在面对众人讲故事时，你的行为很多时候就决定了听众的态度。你若冷淡，他们也同样如此；你若轻率而不够包容，他们亦同样会如此。

要使故事发挥说服功能，你需要避开这几个误区

要使你的故事发挥说服性功能，你还需要避开以下的误区：

1. 只是叙述，没有渲染

要使你讲的故事使人信服，最基本的诀窍之一就是"要渲染，不要只是叙述"，渲染的前提当然是内容真实。跟听众交流的时候，不要只是平铺直叙，而是要告诉他们你做了什么以及你感受到了什么，用真情实感去打动他们，然后让他们自然而然地产生共鸣。听众一般不会只是被动地接受一个事实或者某些信息，他们在听的过程中会不停地加入他们自己的理解跟感受。

当你分享一个故事的时候，应该想方设法带领你的听众进入到那个场景，让他们想象自己就是故事的主人公，而且真切地感受主人公所面临的困境，把那些过去的经历描述得好像就发生在眼前一样。

就像马克·吐温所说：别只是描述老妇人在嘶喊，而是要把这个妇人带到现场，让观众真真切切地听到她的尖叫声。

2. 故事造假

要想使人信服，要确保你讲述的故事必须真实，即使是你自己杜撰的故事，也要使其听起来足够的真实。一家负有盛名的华盛顿癌症中心曾经征询铁人三项运动员安朱的意见，看是否可以借用她的照片为增加癌症意识的活动做宣传。当广告在杂志跟汽车上同时大量刊登的时候，大大地出乎安朱，以及她的广泛的社会关系群，包括她的家人、朋友、队友们的意料之外，她居然被塑造成了一位癌症的幸存者。想象一下如果安朱真的是一位癌症幸存者的话，这样的宣传会有多大的力度呢？然而对于每一个认识安朱的人或者听说了她的故事的人来说，这家著名机构的信誉便很难再挽回了。

在管理中也是如此，当你想通过一个故事来说服员工的时候，大家希望听到的是一个真实的故事，尤其是希望被感动的真实的故事。

同样，一个虚假的故事只能祈祷快点被人遗忘。

好的营销策略是尽量把讲故事的方式融入到企业的文化中，甚至让它成为企业诚信文化的一部分，让每个人都参与其中是很重要的一个方法。故事本身永远可以体现一个公司正在做什么，哪些地方做得还不错，哪些地方需要改进。当领导层抱着透明、诚实、人性的态度给员工或客户讲述故事的时候，他们的员工会更加积极地工作，哪怕在企业有困难的时候也会如此。

抓住瞬间发生的真实事件，无论是好还是坏，都可以真实自然地让企业员工跟企业产生共鸣，从而激发他们工作的热忱。管理者可以试着用讲故事的形式开始员工大会，而不只是从展示业绩报表开始。这里我们可以给出几个实际的方法，比如当你在开会之前，可以在屋子里来回走动并且询问每个人自从上次会议结束后发生了什么新奇的事情，有什么客户的趣闻可以分享，是不是有消费者发现了公司产品的新式使用方法，是不是以前不喜欢这个品牌的人变成了忠实的顾客等。

3. 控制信息所有权

如果公司坚持只能由领导层来讲这些故事的话,他们其实是错过了让整个社会来帮他们宣传的机会,尤其在当今社会,网络媒体可以轻易地联系每个个体的情况下。如果公司可以放手让他们自己的员工或者消费者来讲的话,故事的可信度便会飙升,有些时候这些甚至会变成一种无形资产。领导层所应该做的是充分肯定不管是来自内部还是外部的故事的价值,想方设法去搜集它们,并且鼓励消费者,舆论支持者,以及他们自己的员工去讲有关公司的故事。

最好的战略是建立一个内部"故事银行",或者叫故事数据库,从而使员工甚至消费者可以实名投稿,继而给这些故事加上关键词,让人们可以很容易地找到他们想搜索的例子,这样做让员工很容易的按照故事的内容直接找到有关消费者。

耐克、苹果、还有 eBay 都在利用故事挖掘众源点子,尤其是关于消费者最关心的那些内容。通过这样的办法,他们为员工创造了一种可以自愿讲述个性化故事的语言,并且可以通过故事的形式扩大并宣扬品牌意识。

Comcast 在 Twitter 上建立 ComcastCares 账户,首次尝试了通过 Twitter 来增加宣传效应的方式。当每次有人在社会媒体上宣泄糟糕的消费经验,Comcast 让消费者体验真实的客服经历,从而最终把对公司的抱怨变成了赞赏。

刚开始的时候,Comcast 会感谢消费者在 Twitter 上提到了他们这个企业,因为可以直接锁定有所抱怨的客户,而且通过这个平台跟消费者零距离交流。员工在介绍他们自己的时候用的是真名,他们在道歉的同时也会提供实际的帮助。很快他们发现在一个公众平台上,即使是愤怒的消费者也会在接受帮助的时候平心静气。从此之后,他们采取先承认错误,然后在大众面前积极改正的策略,彻底改变了被动的局面。

即兴讲故事：勤加练习，做好准备

一家农产品科技公司的实验室新研发出了一种科技含量极高的农产品，该公司准备邀请业界的知名人士参加新产品的发布会。该公司研究处处长及属下的6名科技人员逐一到台上做了发言，介绍了他们的化学家和生物学家们正在进行的一项了不起的工作——他们在一种农产品中发现了能对抗一种传染性疾病的新疫苗。如果将这种农产品进行大力推广和宣传，便能使人有效地对抗这种传染性疾病。他们通过一个小故事，向大家阐述了这种物质在人体中杀死病毒使人身体得以痊愈的故事，与会的相关人员都为此感到震惊。

一位来参会的科技人员对该公司的总经理说："真是太神奇了，你的手下简直就是魔术师。但是你为什么不去讲呢？"

"我只能对着自己的脚讲话，而不敢面对听众。"那位总经理说道。

但是那位研究处处长的讲话确实让他很吃惊。

这位研究处处长说："我们还没有听到总经理讲话。他不喜欢发表正式的演说，那么今天就请他给我们讲讲公司对这项产品的研发历程吧。"处长想，让他给大家讲个关于本产品研究的故事。

总经理站起来很费劲地挤出了几句话。这真是令人尴尬。他为自己没有详细解说而道歉，而这就是他在台上说的全部内容。

他呆呆地站在那里，像他这样的高级管理人才，却与普通人一样显得笨拙而迷惘。其实本不该是这样的，他本来可以学会即兴讲故事，但因为无法克服内心的惧怕与紧张而使自己陷入了窘境。

对管理者而言，即兴讲故事，即在情急之下整理自己的思路，有条理地将故事讲出来，有时甚至比经过长时间的准备再讲故事更为重要。

因为现代商业的需要以及现代职场人口头沟通的随意性，使得这种即兴发言的能力不可或缺，我们需要迅速地组织自己的思想，并且流畅地遣词造句。许多影响今天市场和公司的决定，都不是出于一个人，而是在会议桌上当场商定的。每个人都可以发言，然而在这群策群议的会议中，他的话必须强劲而具有说服力，才能对集体决策产生影响，这也是即兴讲故事能力如此重要的原因所在。

对于管理者来讲，要即兴讲好故事，需要做以下的努力：

1. 勤加练习

任何能够控制自我智力的人，都能够随即讲出一些故事来，不管这些故事是源于自己的生活，还是平时的所见所闻或其他方面的积累。当你突然被人邀请做一次讲话，或者在管理中，突然遇到一些需要你用讲故事的方式来解决的一些管理难题，如果你平时在这方面毫无准备，那么将是很尴尬的事情。要使自己具备这种能力，就要在平时勤加练习。

在许多年前，道格拉斯·费尔班克为《美国杂志》写了一篇文章，介绍了一种益智游戏，查理·卓别林、玛丽·皮克福和他有两年的时间几乎每个晚上都玩这个游戏。这不仅仅是一种游戏，它还包括了所有讲故事技巧中最为困难的练习：临时整理凌乱的思维。根据费尔班克所写，这个"游戏"是这样进行的：

我们每个人各自在一张小纸条上写下一个题目，然后把纸条折好，混在一起。当一个人抽出题目后，要求马上站起来，用那个题目说上一个小故事，同一个题目当然不会使用两次。

重要的是，几轮游戏下来，大家的思维开始变得敏捷了。对于五花八门的题目也有了更多的了解。但是，更为有用的是，参与游戏的所有人都学会了在瞬间根据任何题目整理自己的知识和思维，调出自己平时积累的故事。

这个练习可以让你具备两方面的能力：第一有效地锻炼了大家迅速

整理思维，使你的故事听起来更富有逻辑的能力；第二，也使人能在毫无准备的情况下，更加沉着自信地应对突发情况的出现。所以，在现实中，身为管理者，你完全可以运用这种方法来锻炼自己的这种即兴讲故事能力。

还有一种更刺激且有趣的训练方法。你可以与你的同事或朋友在一起，大家商量好用一个较为奇妙的方法开始讲述一个故事。比如，你可以当众说："上周末，我带着家人一起到海边去度假。当我和孩子们在海中的邮轮上玩得正高兴的时候，突然，一大群大鲨鱼向我们的船猛扑过来，我们都惊慌失措，大家都尖叫着……"

这个时候，铃声响起，你讲解的时间到了，然后由另一个人继续讲这个故事。等到每个人都讲完之后，这个故事也许会结束在火星的运河边，或是国会大厅里面。

这是一种极好的培养即兴讲故事的方法。如果你获得这样的练习越多，那么当你必须在某种公众场合当众讲故事时，你就能够轻车熟路地应对可能发生的任何的情况。

2. 随时做好当众讲故事的心理准备

身为管理者，当你在毫无准备的情况下被邀请，一般是希望你对属于你的领域的事物发表一些看法。所以你此时此刻，一定要勇敢地面对这种情况，并迅速决定你要在这短短的时间内讲些什么？这时最适合讲哪方面的故事？应该用怎样的措辞去描述它们？有了对这些问题的思考后，你便能胸有成竹了。

接下来，就要对你要讲的故事或材料进行重组，让你的讲话听起来富有逻辑或感染力。

3. 立即开讲你的故事

当你做好心理准备后，那就要直接开讲了。如果你是个缺乏讲故事经验的管理者，开头先不要阐述你要讲的主题或观点。之所以这样做，主要有三个理由：

第一，你可以从下一句应该说什么的困境中立即解脱出来，因为即使在即兴场合下经验也极容易复制；

第二，你可以渐渐地进入状态，刚开始的紧张会慢慢地消失，使你有机会把自己的题材逐渐地酝酿成熟；

第三，你可以立即吸引听众的注意。故事是立即抓人注意力的良方。

听众聚精会神地听你讲述充满人情味的故事，在你最需要的时候会给你肯定，尤其是在即兴讲话刚开始的极短的时间内。因为沟通是一个双向的过程，善于吸引别人注意力的人会立即注意这一点。当他注意到听众接纳他的观点，并且如电流般在听众之间交流时，他就会感到挑战，从而尽最大的努力来回应。管理者与听众之间建立和谐的关系，是你的观点或建议能否被接纳的关键。

第十章

能“讲”出来的故事才是好故事：
故事力的终极考核

　　学习讲故事就像升级你的技能。讲故事是一项实践活动，所以仅仅谈论它是不能提高你的实际运用技能的，你要开口去讲。同时，身为管理者，你也不要期望一开口就面对一千名听众做一场充满了各种故事的报告。饭得一口一口吃。为此，我们为你提供提升讲故事技能的方法。不是让你一定要严格地遵守它，你可以放心地尝试不同级别的练习。通过材料和素材的积累，再进行实践性的练习，一定能从根本上提升你的故事力。

在什么情况下，我们需要"讲故事"

故事可以解决管理中的诸多难题：号召行动、化解矛盾、说服他人、赢得信任、传递价值、贩卖梦想、分享资讯、平息流言、激励人心。但是在现实中，对于管理者而言，什么时候需要讲故事呢？

有的管理者把讲故事当成了"家常便饭"，只要一开会，便会给员工讲故事，想通过故事传达公司战略目标、培养员工的敬业精神等。这种做法只会引起员工的反感。讲故事固然能帮你解决管理中的诸多难题，但很多时候，如果你总将故事挂在嘴边，时时讲故事，处处讲故事，只会引发员工的反感。任何事情都是"过犹不及"，用故事来做管理，亦是如此，在适当的时候，适当地给员工讲故事，有利于解决管理难题，但如果在管理中，让故事泛滥，那就无法使故事发挥出应有的威力。需要讲故事的情形如下：

1. 当你需要员工加深对演讲内容的理解时

故事是大多数人都会接受的方式。比如你要讲一个关于行动力的话题。一位高明的管理者，在讲到这个话题的时候，都会讲这样一个故事：

有一位叫燕妮的女人，她有爱她的老公，还有一个孩子，夫妻两人工作非常地辛苦，对于燕妮来说，其平生最大的愿望是有一天能中五百万，她无时无刻都在期望这件事情，然后会向上帝祷告，她的祷告也是无时无刻的，吃饭、工作、睡觉、上厕所。很长一段时间后，有一天她半夜上厕所，又一次在心中默默地祷告，无垠的天空中传来上帝的话：燕妮呀，你想中五百万，你能先买一张彩票吗？

他讲这个故事的时候，总是绘声绘色，在讲到无垠的天空的时候，还会用手势和语气配合，通常讲到结尾，你能先买张彩票的时候，听众都会跟着笑起来。

这时，再切入行动力的话题，就显得非常理所当然了。如此一来，员工的接受度也会更高。讲故事不难，首先抓住自己要讲的内容的核心关键词，比如上述彩票的故事，它的关键词就是执行力。

一句话单独说出来会显得苍白，可能听众理解得不够深刻，正如之前讲到的执行力的案例，如果你只是说一句"没有行动力，你的愿望等于零"，听众可能听完就忘记了。

但是你加入了一个故事，听众会笑一笑，在笑声中反思：我是不是也这样呢？我渴望的事物真的去争取了吗？我是不是也和故事里的主角一样缺乏行动力呢？

有实际的案例做支撑，会让听众理解得更深刻。

2. 当你需要突出重点的时候

在管理中，当你在说服员工，想使他们改变想法时，可以引用故事阐发哲理，即讲一些典型的故事，再阐发其中蕴藏的哲理。这样情理交融的表达，往往会让听众获得深刻的人生感悟。

3. 当你需要抒发感情、以情动人的时候

故事的存在能够渲染出感情，喜欢听故事是人类的天性，动画片《穴居时代》中演到：当人类还在穴居时，没有任何消遣项目，尤其是到了晚上，人类没有办法出去，因为外面很危险。但是也不可能天黑就睡觉，人类就想出了消遣的办法：讲故事，一个个故事伴随着一个个夜晚。这种对远古人类的幻想很有趣，我们相信它可能是真实的。故事能够传达其他语言所不能传达出的感情，故事带来的感受远远要比其他形式更为真切，也最能够打动人。所以，在管理过程中，当你需要抒发情感，以情动人的时候，可以通过故事来表达出你内心最深和最真挚的感情。

4. 当需要推动企业不断变革时

企业总是在应变中不断改进工作的组织与程序，但任何的变革与人的惰性是相对立的，因此，变革总是在上层或少数人的手中，多数员工是被动的服从。此时，企业家靠直接讲道理动员大家行动起来，带领大家向旧习惯、旧思想发起挑战，往往是十分困难的。但是，通过讲故事，则会很快得到员工的理解和支持，使员工肯在变革中有所投入，缓解抵触情绪，成为变革的主人。

企业家一般习惯强调"高科技"，容易忽视"高情感"，这会使企业家理念的执行受阻。因此，我们在变革中要突出能给员工带来的好处，而不是只谈给企业带来的收益。

在选择故事的过程中，我们可采取三步骤：一是明确目标，你想让员工采取什么行动；二是草拟内容，你希望员工树立一个什么愿望；三是铺陈情节，重在满足员工的情感需求，从而使目标得以实现。

5. 需要制定策略规划时

从古到今，人们在战争与人际关系中，都少不了策略与部署。而一个成果的策略与计划本身，往往就是一个很好的故事。如能把预先准备的故事先讲给大家听，会是一个很好的动员。

6. 需要提升管理者的形象时

高高在上讲道理，远远不如深入群众中讲故事更为亲切，它可以大大缩短领导与群众的距离。在讲故事中剖析自己、分析别人，实际更有利于树立管理者的形象和提升管理者的影响力。

7. 需要在总结中传播知识

一件错综复杂的事情很难用文字描述，但如果讲故事，就方便很多。如一个项目完成后，不写总结，而是用项目筹划执行过程中的故事，画龙点睛地说明成败焦点，往往能收到极好效果。

知道了该在何时讲故事，身为管理者，在讲故事时应注意什么呢？

第一，要以杰出人物的感人事迹开头。第二，要讲真人真事，准确无误。切记，真诚才能动人。第三，每次只讲一个主题，不分岔、不拖泥带水，讲究单一。第四，要少而精，不是写小说。第五，用语亲切活泼。第六，点评是画龙点睛，要简单明了。

心态平和，讲出的故事才更具影响力

当你搜集和掌握了很多故事后，接下来，就要注意另外一点：将你的故事讲出来。有的管理者可能会说，在现场讲故事是一件极简单的事情，只要发音清晰，用词得当就可以了。实际上，将故事"讲"出来并不是件容易的事。除了要注意发音、用词外，还要注意表情、心态、肢体语言等。

在现实中，很多管理者经常会犯一个错误：表情不到位，心态不够平和，肢体语言也不够自然。一些管理者，虽然本身在企业中没有什么威信可言，但是在对员工讲故事时却总是摆出一副高高在上的样子。这些人爱装权威、自以为是。在他们的眼中，下面的听众就像是不懂事的小孩一般，需要他们指点迷津。他们总以优越感自居，脸部表情紧绷，鼻子翘得老高，眼睛始终看着天花板，看起来傲慢十足，觉得自己无所不知，是向员工兜售观点和权威的专家。这种讲故事的态度会引人反感，如此一来，就算你的故事再精彩，你的观点或理念也不会让人接纳。

这种自命清高的态度，是对大众和听众的不尊重，你以这种姿态讲出的故事会很难具有感染力。正确的做法是你要与听众保持一种平和的微妙的平衡：在按照我们主观意愿影响我们希望影响的人，使他们朝着我们认为"好"的方向改变的同时，一定要对他们保持尊重。即便我们认为某个故事能更有效、更合理地影响到他人，但因为你这种傲慢的态度，会使你的故事失去说服和影响的作用。

实际上，一个真正的"故事高手"，总会以平等的态度对待他的听众，他语气平和，表情幽默且和蔼，而且不带有任何的矫饰。他可能会在讲故事的时候做引申，挖掘故事的深度，但始终平等地对待听他讲故事的人，让听众能平静地从他的故事中得到启发。

现实中，许多管理者或许会说，我主要是想运用自身的浓烈的感情，将听众变得对自己狂热地迷恋。在讲故事时，适当地调动自身的情绪或情感，有利于渲染故事的情感色彩，但是你若做得"过度"，那就会付出代价：那些有主见的人一定会远离你，会觉得你夸张和矫揉躁作的动作让人生厌。

一个故事高手，会遵守"讲故事"时的基本礼仪，这样才能让他们的故事产生影响力。要将你的故事尽善尽美地讲出来，除了态度要平和之外，还要尽力做到以下几点：

1. 手部或头部的动作不要太多、太碎。

2. 走路不宜过多，不可一步三晃，扭捏作态。

3. 忌弯腰驼背或双手撑着讲台或者插入衣兜内，这样会显得态度不够庄严，精神松垮、懒散。

4. 眼睛不要总是看讲稿、照本宣科地念讲稿。

5. 不能靠在椅子或者桌子上面。

6. 讲故事时，头部要端庄，举止自然大方、仪态符合站、坐、行的礼仪。

7. 讲故事时，不要将目光从那些专心的听众中移开，如果你看到有人对你的故事皱眉头、左右张望甚至翻白眼，尽量不要去提醒或者斥责他们，可以用玩笑式的幽默，将他们的注意力转移到你的身上，这样才能获得更多的听众。

8. 讲故事时，声音发出的方向应该沿着嘴部的水平线而稍微向上，注意声音的力度、发音的规范、语音的正确、音色的考究。

让你的讲话听起来富有"画面感"

1904 年，法西斯铁蹄几乎踏遍整个欧洲，英国急切地希望美国伸出援助之手。美国总统罗斯福举行记者招待会，宣布将武器装备以"租借方法"援助英国抗击法西斯，他用通俗易懂的话语说："假设我的邻居家着火了……这时，他需要借助我的花园浇水管，装到他家的水龙头上。我自然会帮他们这个忙，帮他来灭火。我该怎样对待呢？我不至于在灭火之前先对邻居说：'伙计，我这浇水管价值15美元，你得先支付15美元，才会借给你使用。'……我不会要那15美元——我只是等到邻居灭了火之后，让他把浇水管退还给我。"一席话，成功地扭转了朝野盛行的"孤立主义"，推动了国会通过援助英国的"租借法案。"

罗斯福为了说明"租借方法"这个问题，讲了自己身边发生的日常故事，给人以强烈的"画面感"，加深了人们对"租借方法"的理解。这说明，能产生"视觉"效应的故事，更能深入人心，更具说服力。所以，在管理中我们想运用故事进行说服的时候，可以借助身边发生的日常小常识或小故事，可以让你的话语"形象"起来，极易在人的脑海中产生"画面感"。任正非就极善于运用身边大家熟悉的事物来阐明他的理念：

任正非在鼓舞士气时曾说："水和空气是世界上最温柔的东西，因此人们常常赞美水性、轻风。

但大家又都知道，同样是温柔的东西，火箭是空气推动的，火箭燃烧后的高速气体，通过一个叫拉法尔喷管的小孔，扩散出来的气流产生巨大的推力，可以把人类推向宇宙。如美人一样的水，一旦在高压下从一个小孔中喷出来，就可以用于切割钢板。可见力出一孔，其威力之大。

十五万人的能量如果都在一个单孔里去努力，大家的利益都在这个单孔里去获取。如果华为能坚持"力出一孔，利出一孔"，下一个倒下的就不会是华为。"

任正非用我们身边大家最为熟悉的水和空气讲故事，让人产生了极强的"画面感"，从而加深了对他所推崇的管理理念的理解。

从心理学的角度分析，在人类所有的方法中，语言其实并不是最有效的传递信息的工具。语言传递的信息量，小于声音；声音传递的信息量，小于画面。所以，听众从一场讲话中获得的信息通常只有7％来自语言，38％来自语调和声音，而其余55％则来自肢体语言，来自他们眼睛看到的画面。由此可见花最多时间准备的文字讲话，其实是一场讲话中最没价值的东西。因为人们喜欢看，而不是听你读。所以，在管理中，如果你总能试着让员工用眼睛看到你语言中的布景，让他们用"眼睛"来吸纳你讲话的信息，那就一定能起到不错的效果。

对于管理者而言，如何让你讲出的话语或故事更有"画面感"呢？你可以从以下几点出发：

1. 注重对细节的描绘

画面感来自具体的、甚至细节的布景。有道具，尤其是越具体、越细节的道具，越是有画面感。如果你想说"大家现在用微信的时间真长"，充满画面感的说法是"你们有多少人像我一样，早上起床之后，先刷朋友圈……（停顿一下）……再刷牙？"有床、有牙刷，有一个具体的场景。

再比如你想说"我希望黑人和白人获得平等"，充满画面感的说法是"我梦想有一天，在佐治亚的红山上，昔日奴隶的儿子将能够和昔日奴隶主的儿子坐在一起，共叙兄弟情谊。"佐治亚的红山，是关键的细节道具。

2. 善于用类比

把一个抽象的东西，用一个具体的东西做类比；把一个不熟悉的东西，用一个熟悉的东西做类比，很容易产生"画面感"。类比的关键，是善用"相当于"这个连词。

比如，有一辆宾利轿车很贵，售价888万。你在讲话中，希望大家知道这辆车真的很贵，很贵很贵，但是你会怎么说？真贵？非常贵？真是太贵了，反正我是买不起等等，这些表达都不能让大家对于这个"贵"有一个感性的认识。足够在上海买一套房子了？相当于40人的年薪？这个表达，已经可以让大家有些感性的认识了。但还是不够。我比较喜欢这个表达：

这辆车到底有多贵？一个农民，从商纣王还没有出生的时候就开始工作，不吃不喝一直干到社会主义初级阶段，也许才能买得起一辆这样的轿车。

3. 点睛用排比

排比句可以给画面感增加冲击力。一个演讲中，在关键时刻使用2-3次排比句，可以给大家极其深刻的印象。

比如："我梦想有一天，在佐治亚的红山上，昔日奴隶的儿子将能够和昔日奴隶主的儿子坐在一起，共叙兄弟情谊。我梦想有一天，甚至连密西西比州这个正义匿迹、压迫成风、如同沙漠般的地方，也将变成自由和正义的绿洲。我梦想有一天，我的四个孩子将在一个不是以他们的肤色，而是以他们的品格优劣来评判他们的国度里生活。"这里需要注意，排比句是大菜，就像红烧肘子，要用，但是也不能多用。否则听众会觉得口味太重。

别显露你讲故事的意图

在管理中，带有"强烈目的性"的故事会遭人嫌弃。你可以想象下面的场景：一名高级管理者站在下属面前，就公司新的战略目标做报告。他说："我想与大家分享一个故事，借此来启发大家更好地理解公司最新调整的战略目标。"如果你是其中的一名员工，你会做何感想？会有怎样的感受呢？一些理解力强的员工肯定会在心里说："我们又不是听不懂你的战略，别把我们当小孩儿看。"还有的员工会想："抓紧讲吧，直接说重点。"还有一些员工也可能会想："又要玩什么把戏呢？"

这位高级管理者在讲故事之前，先把故事的目的性告诉了大家，这是职场的忌讳。因为职场是个极严肃的场合，无论你是高层管理者还是基层员工，太过暴露你的"功利心"，势必会引人反感。讲故事也是如此，你若事先告诉员工，我讲故事是为了达到怎样的目的，势必会招致员工的反感。

林锋想通过讲故事激发销售团队的工作激情。为此，在周一早会上，他给大家讲了一个伟大销售员乔·吉拉德坚持初衷做销售的故事，整场会议结束，林锋的故事讲得很好。很多员工深受启发，但也遭到了一些员工的质疑和抵触。私下里，有的员工会说："看来要做好销售，要时刻保持初心最重要。"而有的员工则立即反驳："你没看出来经理的心思吗？他就是想通过这个事例让你卖力工作呀！"还有的员工说："经理不知道在哪里学来的烂招，想通过这个故事来激励人，却从不提涨工资的事，对我哪里管用呢！"

林锋通过故事来激励不成功的原因在于他在故事开头讲了一句话："如果大家觉得工作没有劲头，那就听听乔·吉拉德的故事！………"

林锋的失败的确在于他在讲故事前，就透露了他的"目的性"和"功利性"，最终让员工识破了他的用意，这种讲故事的方式很难打动人。

所以，身为管理者，在讲故事前一定要避免强调讲故事的目的。正确的做法是将故事穿插在你的话语中，不经意间将你的故事讲给你的员工。比如，你可以说："今天我们来给大家讲解公司的最新战略调整，先打开电脑，听我逐一解释……当然，这些都不好理解，就比如……"接下来，你可以绘声绘色地将故事穿插其中，便很容易被人接纳。人们都喜欢听故事，他们只是不喜欢有人告诉他们：你们正在听一个故事。

类似的错误也常常出现在书面材料中。你有多少次在公司的网站、简报和报告上看到有标题写着"我们的故事"或者"客户故事"的字样。你这样写，好似在对那些想了解公司的员工吆喝："这是一个鸡汤故事!"这会让人觉得，可能是公司实在想不出好的实质性的内容，用这种鸡汤文字来占用版面。当读者有了这样的想法，那他们就很难沉浸到故事当中，有的甚至会直接跳过故事去读其他的内容。所以，身为管理者要明白，故事本身是解决管理难题的良好的工具，但是如果使用的方法或讲解的方法不正确，只会起到相反的作用。

像交谈那样，把你的故事讲出来

在现实管理中，很多管理者在讲故事时，为了使讲出的故事更逼真、形象，会采取表演的形式去讲故事。我们可以试想一下：当管理者走到众人中间，开始"表演"起故事来，台下的人面面相觑，那该是怎样的一个场面。我们要清楚，给员下、属下或客户讲故事是为了提升自我的影响力，但是你却"表演"起故事来，因你滑稽的表演，让台下的听众将注意力全部放在你本人身上，而很容易忽略故事本身和你要传达的智慧理念。最后，当你问及故事所带来的启发时，听众则是全部摇头，那种场景则显得极为尴尬。

最优秀的沟通者实际中都是谈话型的，他会让人觉得，即便你只是众多听众中的一位，你仍旧在与他们单独交谈。而且，他们能够在摆事实和讲故事之间进行无缝切换，就像你在与老熟人闲谈中所做的那样。身为一个"被沟通者"，你根本不会意识到他们是在讲故事还是在讲道理。

我国著名的女记者柴静，有一次去参加一个首都女记者协会的演讲，演讲的主题是"为祖国骄傲，为女性喝彩"，她演讲的题目是《我见过的人，我经历的事》。

一开始她就用平淡语调讲了一个故事：十年前的一天，我从拉萨坐飞机回北京，我身边是一位五十多岁的女人，她在三十多年前去西藏援助，这是她第一次离开西藏，因为生病需要治疗。飞机到了北京之后，下了很大的雨，我把她送到了一个旅店。一周之后我去看她，她告诉我说，病是胃癌晚期。然后指着一个箱子对我说，如果我回不去的话，你帮我保存这个。那是她三十多年走遍西藏各地，跟各种官员，汉人，喇嘛等的聊天记录。这个人没有什么特殊的身份，也知道自己这些东西不能发表，她告诉我，如果一百年后有人看到这些东西，会知道现在的西藏在发生什么事情。这个人是拉萨一中的熊姓女教师。

当大家听到这个故事后，都陷入一片安静之中，仿佛在思考什么。紧接着柴静又讲了一个故事：五年之前，我采访了一个人，他在火车上买了一瓶一块五的矿泉水，问列车员要发票，结果列车员说从来没有发票。然后他就把铁道部告上了法庭。他说大家在强大的力量面前总是选择服从。但是，如果我们今天放弃了一块五的发票，明天就有可能放弃我们的土地权，财产权和生命的安全。权利如果自己不去争取，那就是一张废纸。最终,他赢得了那场官司……后来在火车上,他要了一份饭,列车长亲自把饭送到他前面,问他说,你是现在要发票呢,还是吃完之后给您送过来。我问他为什么能得到他们的尊重,他说靠为自己的权力做斗争。这个人是一名律师,叫郝劲松。

当大家听到这个故事的时候,更加安静了,仿佛陷入了深深的思索。接着柴静又讲了自己亲身经历的两个故事,最后做了一个简单的总结,说道:一个国家是由一个个具体的人构成的,它由这些人创造并且决定。只有一个国家能够拥有那些寻求真理的人,能够独立思考的人,能够记录真实的人,能够不计利害为这片土地付出的人,能够去捍卫自己宪法权利的人,能够知道世界并不完美但仍然不言乏力不言放弃的人,只有一个国家拥有这样的头脑和灵魂,我们才能说,我们为祖国骄傲!只有一个国家能够珍重这样头脑和灵魂,我们才能说,我们有信心让明天更好。

最后,这个演讲获得了特等奖。

柴静在做这个演讲时,没有多少慷慨激昂的言辞,也没有多少感染人的激情,只是以平和的语气向大家讲了自己的四段经历,最后进行了一个简单的总结,她态度平和,语气平静,给人一种大姐姐与人交谈的感觉,但却可以使听众热血沸腾,不得不去思考,不得不接受她的观点。这也意味着,要想让你的故事发挥一定的效用,你一定要放平心态,以平静、和顺的语气将你的故事娓娓道来。

现实中,一些管理者会问故事什么时候讲最合适?一些人想知道用什么样的手势,还有一些人总是担心自己的声音太过平淡。他们经常会说,讲故事的关键在于,不要将这件事情看得太重。只要把故事所包含的寓意"装"进你要讲的内容里,而不要让它们突显出来,这样动作和声音的问题便都解决了。

要想让你的故事听起来更自然,更能给人以启发,那就将你的注意

223

力放在日常的小事上面，因为那是最真实的。很多时候，与那些剧作家和小说家创作的那些构思精巧的大故事相比，真实的小故事离人们的生活更近，更容易被人所接纳。当你在讲一个真实的小故事时，你可以默默地告诉自己："现在，在讲这个故事的时候，我可以想象它正在发生。"当你一边讲故事，一边想象故事正在发生的时候，你就能将故事中所包含的情感投射给听众，你的故事就会讲得绘声绘色。你的眼睛会放光，你的声音会高低起伏，你也会伴随着情节的发展做出相应的动作。这一切都表现得十分自然，没有丝毫的刻意。只有当你的故事能够在听众头脑中形成画面的时候，这些情感才能有效地传达。好的故事都有画面感，都能够激发情感。

引导你的听众，并用高昂的情绪去感染他们

对管理者而言，讲故事时，最大的挑战莫过于如何让听众保持持久的兴趣，并能专注地将他的故事听下去。在现实中，很多管理者在讲故事时，总是顾忌重重，谨言慎行，但由于筛选的故事粗浅、低俗，毫无深度，或者在开讲后废话连篇，表意不清，声音太小，这都会让听众觉得无趣或听不下去。所以，要想让受众对你的故事保持持久的吸引力，就要摒弃这些弱点。

要想讲听众感兴趣的故事，内容就要与听众密切相关，即讲一些听众感兴趣的内容。比如讲讲他们的希望、梦想、烦恼或者不为人知的担忧等，前提是你要确保你自己非常了解这些内容，而且要讲得具体。泛泛而谈只会使人感到厌烦，只有将故事讲得生动具体才能打动听众。

最重要的一点是在讲故事的时候，一定要带着热情，讲原汁原味的人间悲喜故事才能够抓住听众的注意力。

很多时候，我们给员工讲故事，是为了用情绪去感染他们，让他们内心产生情绪，然后再进一步与你产生极大的共鸣，最终听从于你。

肖恩·卡拉汉在其著作说："能够引发情绪的故事更容易被人记住。换一种方式说，我们记住的是自己的感觉。"这即说明很多故事之所以能启发我们，触动我们的心灵，并被我们记住，很多时候是因为故事里所带的情绪感染了你，你记住的是被故事触动心灵时的那种感觉。也许，我们每个人都有这样的经历：在学校时，老师要对表现优秀的学生提出表扬，而你在班级里一向表现良好：成绩好、有礼貌、人缘好。在老师向大家宣布这个消息时，你心里一定在想：受表扬的人里面一定有我。但是，那一次，老师恰恰忽略了你，你没有受到表扬，同学们没有人为你鼓掌、祝贺，那时候你的感觉似乎是晴天霹雳。多年之后，你再回忆那一幕，你一定能准确地说出当时那种失落的感觉，可你再也回忆不起，老师当时还说了什么，其他同学对你的看法是什么。同理，故事之所以能打动人，重要的是其内在的感染力触动了你的情绪或者说是"感觉"。为此，要想让你的故事发挥有用的功效，除了选择一个能触动人心的故事外，还要懂得在讲故事的时候，用情绪去感染听众。

苹果公司的创始人乔布斯在公众面前讲故事的时候，总是充满了极大的热情，当他站到舞台上的时候，他的气场像旋涡一样有力，他的声音充满了力量，他的手势也充满了激情，乃至他的肢体语言无一不透出权威、信心和能量，给人以极大的感染力。

他的语言率真朴实、诚实。他曾经在公众面前说起他的个人经历：从他出生到上大学，为什么退学以及退学后的经历。他通过退学后上的书法班得到了一些奇思妙想：如何排版才能使书写更漂亮，而这些都用在了 10 年后设计苹果电脑中，苹果电脑成为当时第一个采用艺术字的电脑。

后来，他讲了他的兴趣与得失。他在年轻时找到了自己的兴趣所在，在 20 岁时便与朋友创立了苹果。第九年时已发展成规模较大的公司，因为自己与朋友产生分歧，自己被裁掉了。对自己是一种沉重的打击，但在数月之后重新找回希望，又创立了公司，并结了婚，成为了第一个用电脑做动画的人。

他最后讲道："假如把每一天当作最后一天度过，那么总有一天你是对的。"每天都问自己，在连续几天回答"不"后，就要去改变自己，令自己做出明智的选择。这是让人们得到启示：一切的追求与荣耀，痛苦与挫折，在死亡面前都显得微不足道。让自己记住总会死去，可以极其有效地杜绝侥幸心理。死亡不只是书本的概念，没人能逃避，它是生命最好的发明，能推动世界的发展。它时时提醒我们：每个人的时间都是有限的，切勿重复地过他人的生活，不要被教条拴住，那就是走别人的老路，不要让别人扰乱自己的信念，要有勇气去听直觉和心灵的呼唤。

听众被他的故事所感染，然后对他的观点拍手称赞，对他的人生经历和人生观产生认同感。

在讲故事时，如何才能让听众内心迸发出激情呢？我们重点可以从以下几个方面进行努力：

1. 面对听众，要充分散发出你的热情，要充分地表现出对大家的欢迎和热爱，要将听众当作自己的老师、同学或者朋友亲人，而不是当作与自己毫无关系的陌生人。你要在内心深处接纳听众，对听众有足够的兴趣，听众才会对你产生兴趣与热情。

2. 要对自己的话充满信心。在讲故事时，你所说的每一句话都是从自己的内心喷薄而出。为此，你说出口的话一定要融入你自身的感情，慢慢去击打听众的心。

3. 在讲话的时候，要完全放开自己，该生气的时候，要怒气冲冲；该发怒的时候，要大发雷霆；该惋惜的时候，要捶胸顿足；该伤心的时候，要悲叹唏嘘。总之，要让自己的感情充分地流露出来。

4. 营造讲故事的环境气氛。讲故事的环境对于一场演讲也非常重要，就像一个学校的环境对于学生的学习一样重要，坦诚而言，讲故事也是演讲者在向听众传授知识心得，思想理念等，也需要一个很好的环境，把人带入到学习氛围中。

如果氛围好，讲故事的效果才会好，效果好，演讲才算成功。如果氛围不好，那么演讲的效果就一定不好，会导致演讲的失败。

新东方的老师在全国高校进行巡回演讲，兜售他的人生理念的时候，总是在没有开始讲话之前，在演讲场地播放一些让人奋发向上的视频以及令人激情迸发的音乐，比如汪峰《怒放的生命》，且总是播放那些激发人生命力的唱词："曾经多少次跌倒在路上，曾经多少次折断过翅膀，如今我已不再感到彷徨，我想超越这平凡的生活。"那高亢的声音和充满激情的歌词，为演讲营造了一个良好的氛围，吸引着越来越多的学生，等到演讲人员到来的时候，学生们很快就会进入听讲的状态中，因而演讲的效果总是特别好，演讲结束后，演讲者总是会获得不停的掌声。

新东方老师为了营造良好的演讲氛围借助了外在设备，但是有的时候，并没有这个良好的设备，这个时候你就要根据现场情况随机应变，通过嘴巴把会场的氛围给激活。

总之，要让你的故事生动起来，通过运用各种方法调动听众的听觉、视觉和嗅觉，将故事讲得有声有色，引人入胜，这样才能向听众传达你想表达的主题。

适当停顿，让故事变得"顿挫有力"

现实中，有的管理者在讲故事时，总是喜欢自己一个人不停地讲下去，忽略了与听众的互动交流。他们只管自己在台上滔滔不绝，丝毫不给听众思考的时间，以致无法深入地与听众进行互动，不利于你的故事发挥应有的功效。很多时候，你若能在讲到故事关键之处时，适当地停顿一下，便可以给人一点回味或者思考的时间，这能让你的故事变得更加深刻，效果变得更好。

刘健的公司最近遇到了前所未有的危机：客户多，工作强度大，很多员工，从底层的设计、策划，到中高层的一些管理人员，都嚷嚷着要辞职。为了尽力挽救这个局面，刘健想通过讲故事的方式打消公司内部的消极气氛。于是，在稍做精心准备后，在周一的全体员工例会上，刘健这样讲道：

山上的一户人家有一头驴，每天都在磨坊里辛苦拉磨，天长日久，驴便开始厌倦了这种平淡的生活。它每天都在想，要是能出去见见外面的世界，不再拉磨，该有多好呀！

不久，机会终于来了，主人带着驴下山去驮东西。没想到，路上行人看到驴时，都会虔诚地跪在两旁，并对它顶礼膜拜。

一开始，驴大惑不解，不知道人们为何要对自己叩头跪拜，慌忙躲闪。可一路上都是如此，驴不禁飘飘然起来，原来人们如此崇拜我。当它再看见有人路过时，就会趾高气扬地停在马路中间，心安理得地接受人们的跪拜。

回到家中，驴自认为自己的身份高贵，死活也不肯拉磨了。主人无奈，只好放它下山。

驴刚下山，就远远地看见一伙人敲锣打鼓地迎面而来，心想，一定是人们前来欢迎我，于是便大摇大摆地站在人群的最前面。原来那是一支迎亲队伍，却被一头驴拦住了去路，人们愤怒不已，棍棒交加……驴便仓皇逃回主人家。等他跑到主人家时，已经奄奄一息，临死前，他告诉主人："原来人心易变，我第一次下山时，人们对我顶礼膜拜，可是今天他们竟然对我下如此狠手！"

主人叹息一声道："果然是一头蠢驴呀！那天，人们跪拜的只是你背上驮着的神像呀！"

说完之后，刘健望着台下的员工，足足停顿了大约一分钟，底下一片沉默，然后继续说道："我知道大家平时工作的确很辛苦，但我们千万不要做故事中的驴：自以为是，觉得自己很有才华，动不动就抱怨，总嚷嚷着要辞职，稍遇到麻烦就消极地撂挑子。到离职时才明白：原来你身上的光环都是公司给的，去掉公司给你们名片上授予的'职位名称'，你可以问下自己：我究竟能做什么呢？"

讲到这里，刘健又停了大约一分钟时间，静静地站在台上，眼睛一眨不眨地望着下面的员工。这些员工也都静静地望着台上的老板。

短暂的停顿能给听众以思考和启发的时间，让人们对你讲的故事给予回应，是一种情感和心灵的无声交流。可我们在讲故事的时候，究竟该在哪些地方停顿呢？一是在语义转化的时候，比如说到"但是"的时候，很多善于讲故事者，就会连续用几个"但是"来提醒大家注意："但是……但是"。二是在强调一个中心思想的时候。比如"这就是我今天演讲的目的。"说完这句话后，马上停顿一下。

老罗英语培训机构的创始人罗永浩是一个非常出色的讲故事高手，他在各个剧院进行《一个理想主义者的创业故事》系列演讲，每一次演讲都善于使用停顿。

有一次，罗永浩说："谁要是在这个节骨眼上能给我百万的年薪，无论让我做什么事情……"这个时候,就没有继续说下去,而是停顿了几秒,一般人都料想他会说"我都会去做的",但是停了几秒之后他却说道:"我都会慎重地考虑一下的。"

停顿是故事中的"休止符",恰到好处的停顿往往比语言更能有效地传达思想,可以说是"此时无声胜有声"。之所以演讲的时候要停顿,就是让演讲者的话语信息更加有效而巧妙地得到传达,让听众有时间去深入思考和回味演讲的内容,让自己的演讲在当时就产生切实的效果。其次,还带有一定的悬念,他可以提高听众的注意力,而且还会激起人们想急切听下去的愿望。同时,这样的停顿还能让你的演讲条理清晰,意思的表达非常完整。总之,停顿也是演讲的艺术,恰到好处的"停顿"对于一次成功的演讲具有重要意义。

乔布斯演讲从不急于求成,他赋予演讲以生命,让它"自由呼吸"。当他阐述一个关键点时,他时常缄默数秒钟,从而达到出人意料的演讲效果。

2008 年的 1 月份,苹果创始人乔布斯在向大众介绍 Macworld 时说道:"今天,我们将向大家推出第三类笔记本电脑。"

说到这里,他就停顿了几十秒钟,然后接着说:"这就是所说的 MacBook Air 系列。"

于是,他又停顿了一下,然后抛出了自己的关键话语:"它就是世界上最薄的笔记本电脑。"

有的人之所以不会使用停顿,而且讲故事的语速非常之快,很多时候是因为他们的演讲资料准备得太多,没有时间来停顿。因而要学会停顿,首先,你要精心排练你的演讲,计算好你的时间,让你有足够的时间放慢速度、恰到好处地停顿,让听众准确地接收你要传达的信息。

停顿的时间究竟以多长为好?一般而言,如果要让人进行深思,往往在一分钟左右,最好不要超过一分钟,因为停顿时间太长,大家的注意力可能就从你的演讲中跑掉了，不利于听众接受你的信息。一般的停顿最好控制在 10 秒到 30 秒左右的时间。

来点 "幽默" 力，增强你的个人魅力

很多管理者在讲故事的时候，总是一板一眼，虽然显得正经严肃，但却会使整个讲故事的氛围沉闷、呆板，很难让人听下去。而如果此时我们能插入一点幽默，则能让人在轻松中领会你所讲故事的要义，同时也增强你的个人魅力。

培根说："善言者必善'幽默'"。在故事中彰显你的"幽默感"会让你的人气瞬间"爆棚"，有效地提升你的个人影响力。同时，幽默的管理者往往会让所在团队氛围轻松，成员没有压抑感，思维异常活跃，从而增强团队的凝聚力、传递正能量。美国科罗拉多州的一家公司通过调查证实，参加过幽默训练的中层主管，其领导的团队在 9 个月内生产量提高了 15％，而病假次数则减少了一半。

俞敏洪的演讲之所以受到广大学生的欢迎，就是因为他在讲解人生严肃的道理之时，能够时不时地插入一些幽默的小故事。

当他在北京大学演讲时，就说道："我还记得我自己为了吸引女生的注意，每到寒假和暑假都帮着女生扛包。后来我发现那个女生有男朋友，我就问她为什么还要让我扛包，她说为了让男朋友休息一下。"

俞敏洪帮女生扛包，本来是想讨好女生，但是女生让他扛包，却并不是想和他做朋友，而只是为了让自己的男友休息，俞敏洪所想与女生所想南辕北辙，如此幽默之语引得大家爆发出一阵又一阵热烈的掌声。

后来，俞敏洪又在复旦大学进行演讲，他说："在北大的时候，由于我的成绩不好，自己本身就很郁闷，结果就导致我们班的女生没有一

个看上我。大学的女生一般目光都比较短浅，看中的都是成绩优秀长得英俊潇洒风流倜傥的男生，像我这样长得不怎么样但内涵非常丰富的，女生就不理，这是女生眼光的问题。我们班 20 周年聚会的时候，我们班的女生全部走上来热情地握着我的手，后悔当初没下手，知道吧。"他的风趣幽默也引得听众一阵阵爆笑。

正是由于俞敏洪的演讲充满幽默，总是让人开怀大笑，忘记一切忧愁和烦恼，让人备受鼓舞，乃至信心大增。所以，人们都觉得听他的演讲是一种精神享受。

马云在给他的员工做以"即便是再困顿，也要有成为成功者的野心"为主题的演讲时，讲了一段他的亲身经历：

"第一次高考落榜的我垂头丧气，觉得自己根本不是上大学的料，也没那个好命，便准备去做个临时工以贴补家用。很快，我和我的一个表弟一起去西湖边的一家宾馆应聘，我当初只想做个端盘子、洗碗的服务生。结果，我的表弟被顺利录用了，而我却遭到对方的无情拒绝。被拒绝的理由很简单，表弟长得又高又帅，而自己长得又矮又丑。

听到这里，台下的听众一阵哄笑。

"万般无奈之下，我只好去寻找那些不要求长相好看，有力气就行的活儿干。后来，通过父亲的关系，我找到杭州《东海》、《江南》等杂志社，为他们打零工、送杂志。于是，在那炎炎烈日之下，在那狂风暴雨之间，杭州城里多了个 18 岁的瘦弱少年，肩膀上披着一个比他身子短不了多少的大毛巾。这个少年总是一边擦汗，一边用力蹬着那个笨重的三轮车，沿着崎岖不平的小路，缓缓而行。

这是我一生最穷困的时候，但是却有成为成功者的野心。于是，自那之后，我为了这个成功者的野心，从学英文到海博译社，从"中国黄页"到阿里巴巴，终于成就了自己。

马云的这种带有自嘲式幽默的故事，给人以极大听下去的兴致，也给人以极大的鼓舞，让台下的员工知道无论在怎样困顿的境遇下，也要有成为成功者的野心。成功起源于强烈的心理企盼，是自我寻找、最终自我超越的结果。

不可否认，幽默可以增加活力，让讲故事的现场更为活跃；也可以传播快乐，给听众带去快乐的同时，让人受到启发。最为关键的是，它可以让人们对你的故事更感兴趣。但是，你要做一个幽默的管理者，应当从以下几个方面去努力：

1. 博览群书，拓宽自己的知识面。知识积累得越多，与各种人在各种场合进行接触时就会胸有成竹、从容自如。

2. 培养高尚的情趣和乐观的信念。一个心胸狭窄、思想消极者是不会有幽默感的，幽默属于那种心宽气明，对生活充满热忱的人。

3. 善于观察和联想，重视对幽默故事的搜集和积累。

在讲幽默故事时，要把握好幽默的度。否则，会产生适得其反的效果。运用幽默时，幽默的参与主体、幽默的场合与时机是特别需要引起注意的事项。并不是所有的人都喜欢幽默，也不是所有的幽默皆具普适性。对于不喜欢幽默的人来说，幽默不仅不能促进相互间的关系，反而还会使彼此间的关系变得疏远。在使用幽默之前，应对幽默接受者的忌讳有所知晓，千万不要犯忌。